WILMA PFEIFFER

Die wilde Kaiserin

WILMA PFEIFFER

Die wilde Kaiserin

SISI IN GESCHICHTEN UND ANEKDOTEN

BAYERLAND

Unser gesamtes lieferbares Programm und Informationen
über Neuerscheinungen finden Sie unter www.bayerland.de

Verlag und Gesamtherstellung:
Druckerei und Verlagsanstalt »Bayerland« GmbH
85221 Dachau, Konrad-Adenauer-Straße 19

Titelbild: Sonja Wimmer
www.sonjawimmer.com

Foto auf der Rückseite: Fiona Stiftinger

© Druckerei und Verlagsanstalt »Bayerland« GmbH
85221 Dachau, 2018
Printed in Germany · ISBN 978-3-89251-503-6

Inhalt

Vorwort

Es gibt – gefühlt – Tausende Bücher über Kaiserin Elisabeth, genannt Sisi. Sie ist zu einem Mythos geworden, der sich von der realen Frau längst weit entfernt hat. Natürlich gibt es viele Historiker, die sich bemüht haben und bemühen, die Person der bayerischen Prinzessin, die zur Habsburger Märchenkaiserin geworden ist, aus der Vergangenheit zu holen und ihr in umfangreichen Darstellungen gerecht zu werden. Aber wer liest die schon? Wer kämpft sich durch viele Seiten akribisch ermittelter Vorgänge und ihrer historischen Bewertung? Die weitaus größere Anzahl der Sisi-Verehrer orientiert sich an drei Filmen, die in den 1950er Jahren gedreht wurden. Die Darstellerin der Film-»Sissi«, Romy Schneider, wurde im Lauf der Zeit selbst zur »Sissi«. Die Filme zeichnen eine Geschichte und ein Bild der Kaiserin, das mittlerweile von vielen ihrer Anhänger als das wahre geglaubt wird. Auch das Gesicht der jungen Romy Schneider hat das der Kaiserin überdeckt. Es stehen sich also zwei »Sisis« unvereinbar gegenüber: die wahre Kaiserin Elisabeth und die Sisi der Herzen.

Warum also noch ein Buch über Elisabeth? Die Geschichtswissenschaftler zeichnen ein historisch korrektes Bild, hinter dem die Person der Elisabeth mit all ihren Vorzügen und zweifelhaften Charakterzügen, den Absonderlichkeiten ihrer Lebensumstände und ihrer Exzentrik einfach verschwindet. Auf der anderen Seite die Film-»Sissi«: Sie ist das süße, herzensgute Mädel, das zur angebeteten Kaiserin wird, eine tapfere Frau in einem Leben voller Höhen und Tiefen, wie es den meisten von uns beschieden ist und die damit perfekt als Identifikationsobjekt dient. Nur – auch über diesem Entwurf verschwindet die wahre Sisi im Hintergrund.

Ich glaube, dass Geschichten und Anekdoten über die Kaiserin sehr gut geeignet sind, ein Bild der echten Elisabeth zu zeichnen. Im Guten wie im Bösen. Und sie in all ihren Facetten zu zeigen – so, wie sie wirklich war. Deshalb habe ich in diesem Buch viele Geschichten über Sisi zusammengetragen, die insgesamt ein interessantes Bild ergeben und die Person Elisabeth von allen Seiten beleuchten sollen.

Ich wünsche meinen Lesern bei der Lektüre viel Freude.

Wilma Pfeiffer
im Frühjahr 2018

Die Nachbarin

Wien ist wunderbar! Besonders, wenn man in einem dieser altehrwürdigen Jugendstil-Mietshäuser in der Nähe von Schönbrunn wohnt. Es heißt, dass heute noch einige sehr alte Menschen in diesen Häusern leben, die Kaiser Franz Joseph und Kaiserin Elisabeth fast noch persönlich gekannt haben!

Natürlich weiß ich, dass sich das rein rechnerisch nicht mehr ausgehen kann. Man beachte deswegen unbedingt das Wörtchen *fast*. Es gibt eine beträchtliche Anzahl von Menschen, deren Ururgroßvater am Wiener Hof k. u. k. Lieferant war, k. u. k. Zuckerbäcker, k. u. k. Stiefelknecht oder Einheizer. Oder die sonst eine Arbeit verrichteten, die in diesem riesigen Getriebe benötigt wurde. Die Ururgroßmütter waren Kammerfrauen, Wasserträgerinnen oder Weißschneiderinnen. Von einer weiß ich, dass sie sogar die Geliebte des Kaisers war!

Leider haben die allerwenigsten dieser fleißigen Hofwichtel Tagebuch geführt wie beispielsweise der Kammerdiener des Kaisers, Eugen Ketterl, oder, in sehr gehobener Stellung, die Hofdame der Kaiserin, Gräfin Marie Festetics. Meistens hatten sie dazu gar keine Zeit, weil sie schwer arbeiten mussten und das Schreiben einem sowieso Schwierigkeiten bereitet, wenn man darin nicht geübt ist. Aber mündlich weitererzählt wurde so allerhand. Die Kinder der k. u. k. Bediensteten sind mit den farbenfrohen Schilderungen darüber, wie es am Wiener Hof zugeht, groß geworden. Sie haben diese Geschichten ihren Kindern weitererzählt. Und die wiederum ihren Kindern. Auf diese Weise existiert eine ganze Reihe von Erzählungen bis heute nur in mündlicher Überlieferung. Manches davon war immerhin so brisant, dass nie jemand gewagt hätte, es aufzuschreiben. Natürlich haben einige dieser Geschichten im Laufe der Zeit auch starke Veränderungen erfahren, haben Fahrt aufgenommen hinsichtlich der Spannung und der dramaturgischen Gestaltung, sind in der Manier des Stille-Post-Spielens fast nicht mehr zu erkennen. Bei einigen wird der Wahrheitsgehalt ziemlich angezweifelt, aber einen wahren Kern haben sie bestimmt alle. Denn wie heißt es so schön? Wo Rauch ist, ist auch Feuer.

Ich hatte das Vergnügen, während meines Studiums in Wien ein ganzes Jahr lang in einem dieser Jugendstil-Mietshäuser in nächster Nähe von Schönbrunn zu wohnen. Meine Nachbarin war eine sehr feine, sehr alte Dame. Sie war nicht verheiratet und hatte keine Kinder. Deswegen wurde sie, typisch wienerisch, von den Hausbewohnern immer mit Fräulein Amalie angesprochen. Fräulein Amalie trug jeden Tag einen anderen Hut, der in der Farbe perfekt zu ihrem Kostüm passte. Im Sommer ging sie in einem grün-schillernden Seidenmantel aus. Er hatte keine Knöpfe und war vorne offen, damit das Kostüm zur Geltung kam. Aber eigentlich war ihre Lieblingsfarbe Lila. Wenn das Fräulein ihr lila Kostüm trug, waren Schuhe, Strümpfe und Hut selbstverständlich farblich darauf abgestimmt. Sogar die silbergrauen Haare hatten dann einen lila Stich.

Als ich mich, frisch eingezogen, bei Fräulein Amalie als neue Nachbarin vorstellte, machte sie sich Sorgen darüber, ob ein so junges »Mäderl« als Studentin in der großen Stadt zurechtkommen könne. Um einer möglichen Vereinsamung in der Anonymität der Großstadt vorzubeugen, verordnete sie mir kurzentschlossen eine wöchentliche Kaffeestunde. Ich musste oder besser gesagt: durfte jeden Mittwoch um Punkt fünf Uhr nachmittags auf eine »Melange« bei der alten Dame (ich glaube, sie war damals schon weit über neunzig Jahre alt) erscheinen und ihr Bericht erstatten, wie es mir in Wien gefiel und welche Fortschritte ich in meinem Studium machte.

Das tat ich auch sehr gerne. Ich mochte das etwas schrullige Fräulein Amalie. Jeden Mittwoch tranken wir also an einem sehr biedermeierlich gedeckten Kaffeetisch Melange und aßen Apfelstrudel, Gugelhupf oder sonst eine der vielen guten Mehlspeisen, wie sie in Wien heißen. Das weiße

Porzellanservice war mit Goldrändern verziert, der Gugel-hupf prangte auf einem silbernen Teller mit Tortenpapier und jeden Mittwoch stand ein frisches Sträußchen Blumen auf dem Tisch. Die Zeremonie lief immer gleich ab: Ich durfte Kaffee und Milch aus den Goldrüschenkannen einschenken und mit einer Zuckerzange aus der silbernen Schale zwei Stück Zucker in Fräulein Amaliens Kaffee plumpsen lassen. Anschließend schnitt die alte Dame zwei Stück von der Mehlspeise ab, die ich dann auf unsere Teller verteilte. Wir aßen schweigend. Erst nach dem Genuss der Mehlspeise redeten wir. Ganz nebenbei erwähnte meine Nachbarin einmal, sie sei die Großnichte von Fanny Angerer.

»Wer ist Fanny Angerer?«, fragte ich arglos. Da streifte mich ein etwas verächtlicher Blick, der sich aber nach kurzem Besinnen in einen gütig-verzeihenden verwandelte. Fräulein Amalie schenkte mir ein zweites »Schalerl« Kaffee ein und fing an, zu erzählen.

Tante Fanny

Heute weiß ich natürlich längst, dass Franziska Angerer eine sehr wichtige Person im Leben von Kaiserin Elisabeth war: die k. u. k. Hoffriseuse Ihrer Majestät! Das tägliche Frisieren mit 250 Bürstenstrichen hat bei den meist wadenlangen Haaren Elisabeths mindestens drei Stunden gedauert. Die Frisuren, die Fräulein Amalies Tante Fanny ihrer Herrin gezaubert hat, waren ausschlaggebend dafür, ob Sisi für den restlichen Tag gut gelaunt war oder schlecht. Schlecht frisiert zu sein, hat der sensiblen Majestät nämlich tatsächlich den ganzen Tag verderben können. Da war die Sisi bei der Tante Fanny wirklich bestens aufgehoben, denn was Flecht- und Steckfrisuren anging, war die Fanny eine wahre Zauberkünstlerin! Natürlich genoss Franziska Angerer das allerhöchste Vertrauen der kaiserlichen Hoheit. Bei drei Stunden täglichem Frisieren haben die beiden ja über alles Mögliche geplaudert. Elisabeth war überglücklich mit ihrer Friseuse, denn wegen ihrer überlangen, sehr dicken und dichten Haaren war es nicht einfach gewesen, jemanden zu finden, der mit dieser Pracht nicht nur umgehen, sondern sie auch maximal zur Geltung bringen konnte. Franziska Angerer war zuvor Friseurin am Burgtheater gewesen. Der Kaiserin war bei einem Theaterbesuch die schöne Frisur der Helene Gabillon aufgefallen, die als Star am Burgtheater die Hauptrolle gespielt hat. Ihre Hoheit hat sich nach der Vorstellung gleich erkundigt, wer der Gabillon die Frisur gemacht hat. Das war die damals blutjunge Tante Fanny! Sie wurde vom Fleck weg engagiert und ist gleich am nächsten Tag in den Hofdienst eingetreten. Viele Leute haben sich aufgeregt, weil sie so viel verdient hat wie ein Hochschulprofessor. Sogar im »Wiener Tagblatt« war davon zu lesen und in der »Morgen-Post«:

»Die seit Langem schwebende Frage, ob ein Friseur oder

eine Friseurin in den Dienst Ihrer Majestät der Kaiserin treten werde, ist endlich entschieden. Fräulein Angerer entsagt der Ordnung der Coiffuren der Hofschauspielerinnen und dem dafür angesetzten Honorar und empfängt dafür eine Entschädigung von jährlichen 2000 fl., um als kaiserliche Friseurin sich dem allerhöchsten Dienste widmen zu können, wobei, wenn es ihre Zeit erlaubt, ein anderweitiger Kunstverdienst nicht ausgeschlossen ist.«[1]

2000 Gulden, das war wirklich ein außergewöhnlich hohes Gehalt. Sogar die Schauspiel-Stars am Burgtheater haben höchstens 3000 Gulden im Jahr verdient. Der hohe Verdienst zeigt, wie wichtig diese Position am kaiserlichen Hof war. Tante Fanny war die berühmteste Friseuse ihrer Zeit und die Kaiserin war die schönste Frau ihrer Zeit. Und diese Schönheit hat Fanny Angerer mit ihren zauberhaften Frisuren erst so richtig zur Geltung bringen können.

Das Frisieren mit 250 Bürstenstrichen jeden Tag war allein schon Schwerarbeit. Und dann erst das Flechten und Aufstecken! Unter drei Stunden war das gar nicht zu machen. Die Haarwäsche hat sogar einen ganzen Tag lang gedauert. Das war eine äußerst komplizierte Prozedur. Es gab ja noch keinen Föhn zum Trocknen. Die Haare wurden im Winter auf einem Billardtisch zum Trocknen ausgelegt, regelmäßig gewendet und mit Tüchern abgetupft. Im Sommer war es einfacher: An einem sonnigen Tag wurden die Haare auf der Terrasse auf einer Drahtvorrichtung, wie auf einer Wäscheleine, zum Trocknen aufgehängt. Heute hat man gar keine Vorstellung mehr davon, wie umständlich solche Sachen damals waren! Die Kaiserin musste stundenlang stillhalten. Gott sei Dank haben sich die beiden Frauen sehr gut verstanden. Wenn man so viel Zeit miteinander verbringt, ist das besonders wichtig. Die Hofdamen waren oft richtiggehend eifersüchtig, weil die Kaiserin mit der Fanny so eng war und ihr so manches Geheimnis anvertraut hat. Eine der Hofdamen, Marie Festetics, hat in ihrem Tagebuch manchmal gar nicht nett über Fanny Angerer geschrieben. Während der drei Stunden täg-

lichen Frisierens hat sie mitunter viel intimere Sachen mitbekommen als die Hofdamen! Die Tante Fanny war sich sogar
sicher, dass sie ihre Kaiserin besser kannte, als die sich selber.
Man könnte sagen, die Friseuse hat so gut wie alles gewusst,
was im Umfeld Ihrer Majestät vor sich gegangen ist. Und nie
im Leben hätte sie zu Lebzeiten der Kaiserin etwas ausge-
plaudert! Erst als Elisabeth schon viele Jahre lang tot war, hat
Tante Fanny ihrer Lieblingsnichte aus dem Leben der schönen Kaiserin erzählt. Einiges davon hat Fräulein Amalie mir
weitererzählt. Mit der Zeit sind die Kaffeestunden, die sich
oft bis in den Abend hinein gezogen haben, zu Erzählstunden
über das Leben der Kaiserin Elisabeth geworden. Manchmal
war das Fräulein Amalie schon auf ein »Thema« vorbereitet
und hatte Kopien von Zeitungsartikeln, Gedichte, Fotografien
und sogar Bücher auf ihrem kleinen Sekretär im Wohnzimmer
liegen. Ich habe mit großen Augen und gespitzten Ohren ihren
Geschichten zugehört und später vieles davon weitererzählt.
Hätte ich gewusst, dass mir einmal die Aufgabe zufällt, das
alles aufzuschreiben – ich hätte noch viel genauer nachgefragt!

Das hässliche Entlein

Nicht nur das Fräulein Amalie, auch viele, viele andere sagen, Elisabeth, Kaiserin von Österreich, Königin von Ungarn und Böhmen etc., sei die schönste Frau ihrer Zeit gewesen. Ihre Zeit, das war das 19. Jahrhundert. Es war gerade noch die Ära der Kaiser und Könige, der rauschenden Feste und des imperialen Glanzes am Wiener Hof. Es war aber auch schon die Epoche des gesellschaftlichen und sozialen Wandels und technischen Fortschritts. Die Gemälde von Franz Xaver Winterhalter, auf denen Elisabeth auf dem Höhepunkt ihrer Schönheit zu sehen ist, haben einiges von diesem Glanz herübergerettet in unsere Tage. Hier entfaltet sich die Schönheit der österreichischen Kaiserin in ihrer ganzen Pracht. Auf einem Bild fließen ihre offenen Haare in nussbraunen Wellen über die weißen Schultern. Auf einem anderen sind die Haarfluten mit einem lockeren Knoten über der Brust gebändigt. Vor allem aber hat sie das dritte Gemälde Winterhalters, das romantische Abbild im duftigen weißen Ballkleid und mit diamantenen Sternen im Haar über die Grenzen des Landes hinaus als schönste Frau der Welt bekannt gemacht.

Und dreimal dürfen Sie raten, wer die wunderschöne Flechtfrisur Ihrer Majestät gemacht hat? Richtig geraten, es war Franziska Angerer, die durch die Erfindung der sogenannten »Steckbrief-Frisur« selbst eine kleine Berühmtheit geworden war. Viele vornehme Damen wollten diese Frisur nachmachen, aber bei keiner anderen hat sie so vollendet ausgesehen wie bei Elisabeth.

Aus der ganzen Welt sind Menschen an den Wiener Hof gekommen, nur um zu sehen, ob die österreichische Kaiserin wirklich so schön war, wie man sich erzählte. Das ist seltsam, denn als Kind soll Elisabeth überhaupt nicht hübsch gewesen sein. Eher im Gegenteil, sagt das Fräulein Amalie. Sie sei ein richtiges hässliches Entlein gewesen. Vom hässlichen Entlein zum prächtigen Schwan – das hört sich an wie im Märchenbuch.

Angefangen hat diese märchenhafte Geschichte schon mit ihrer Geburt, die unter einem sehr guten Stern stand.

Elisabeth wurde am Abend des 24. Dezember 1834 als bayerische Prinzessin in München geboren. Ob irgendwo ein Komet zu sehen war, weiß ich zwar nicht, aber wenn man am Weihnachtsabend auf die Welt kommt, dann leuchtet einem von Haus aus ein Glücksstern. Noch dazu war der Geburtstag ein Sonntag – und das kleine Christkindl hatte bei der Geburt schon einen Zahn im Mund. Womit wir wieder beim Aussehen wären. Denn nicht nur, dass die kleine Elisabeth Amalie Eugenie sehr verhutzelt und zerknautscht war – wie das halt so ist nach einer Geburt –, mit dem einen Zahn hat sie direkt ein wenig gruselig ausgesehen. Fast wie ein kleines Monsterchen. Aber darauf hat man damals überhaupt nicht geachtet, sondern nur auf die drei außerordentlichen Glückszeichen: Erstens das Christkindl, zweitens das Sonntagskind und drittens der Glückszahn. Das war wirklich eine ungewöhnliche Konstellation. Jeder hat es damals vorhergesagt: Diesem Kind steht ein außergewöhnliches Leben bevor! Und diese Prophezeiung ist auch wirklich wahr geworden.

Schwierige Eltern

Sisis Vater war Herzog Max in Bayern. Ganz wichtig ist in diesem Fall das *in*, weil es nämlich auch die Herzöge *von* Bayern gibt. An ihm kann es nicht gelegen haben, dass Sisi kein hübsches Kind war, denn er war ein äußerst gut aussehender Mann. Und nicht nur das! Herzog Max in Bayern war reicher als der König von Bayern. Reich und schön ist eine Kombination, die auch heute noch sehr begehrt ist. Noch dazu hatte die herzogliche Familie keinerlei Repräsentationspflichten am Münchner Hof, weil sie nicht zur regierenden Linie der Wittelsbacher gehörte.

Die Regierenden, das waren damals die *von* Bayern. Zu Sisis Geburt hat gerade König Ludwig I. von Bayern das Zepter geschwungen, der übrigens ein großer Griechenland-Liebhaber war. Er hat den Königsplatz in München derart griechisch gestalten lassen, dass viele Besucher denken, sie wären in Griechenland und nicht in Bayern. Das muss man sich wirklich anschauen. Außerdem hat König Ludwig I. seinem Land auch das griechische Ypsilon im Namen verpasst. Vorher hatte es Baiern geheißen. Da liest sich doch Bayern schon viel eleganter! Finden Sie nicht auch? Aber das ist eine andere Geschichte.

Wir sind bei Sisis Vater, Herzog Max in Bayern, stehen geblieben, der keine Pflichten am Münchner Hof hatte, aber die Truhen voller Geld. Nicht arbeiten zu müssen und reich zu sein, das ist eigentlich eine noch bessere Kombination als reich und schön. Der Herzog konnte ein Leben führen, gerade so, wie es ihm passte. Und das hat er auch gemacht! Beispielsweise hat er sich in München in der Ludwigstraße ein prachtvolles Palais erbauen lassen, in dem auch Sisi auf die Welt gekommen ist. Dort hat er legendäre Feste gefeiert und riesige Bälle gegeben, oft mit Hunderten von Tänzern. Am besten hat den

Kindern die Faschingszeit gefallen, da sollen sich siebenhundert Tanzpaare auf dem Parkett getummelt haben und das gute bayerische Bier und exquisite Weine sind dabei in Strömen geflossen. Als Mitternachtseinlage gab es immer eine besondere Überraschung. Einmal wurden riesige Pappschachteln in der Form von Tassen, Zuckerdosen und Kaffeekannen in den Saal gefahren, aus denen Rokokodamen herausgehüpft sind und Männer, die als Porzellanfiguren verkleidet waren. Die Porzellanmänner haben mit den Rokokodamen dann wunderschöne Tänze aufgeführt. Das war ein Spaß für Alt und Jung. Den Münchnern damals ist der Gesprächsstoff nie ausgegangen, weil der Herzog immer wieder für neue Aufregungen gesorgt hat. Sogar eine Zirkusmanege hat sich Max im Palais einrichten lassen. Die größte Attraktion war, wenn der Herzog höchstpersönlich, von lauter Orchestermusik begleitet und auf zwei Pferderücken stehend, in einem Höllentempo in die Manege eingeritten ist und Reitkunststücke vorgeführt hat. Zwischendurch wurden derbe Clown-Spassetteln geboten oder wilde Schlachten nachgespielt, in denen es laute Schießereien gab oder echte Explosionen.

Die Münchner adelige Gesellschaft hat ziemlich die Nase darüber gerümpft, dass sich einer der Ihrigen für so etwas hergibt und Zirkusartist spielt! Pfui Teufel!

Für Sisis Mutter, die Herzogin Ludovika, war das nicht gerade leicht zu ertragen. Denn sie war eine Königstochter. Sie war die Tochter des bayerischen Königs Max I. Joseph. Von seinen neun Töchtern hat Ludovika eindeutig die schlechteste Partie gemacht. Eine ihrer Schwestern war die Königin von Preußen, die andere Königin von Sachsen und wieder eine andere die Mutter des Kaisers von Österreich! Und sie? Ludovika hat nur den Herzog Max in Bayern abbekommen. Ihr Vater und gleichzeitig der Taufpate ihres Mannes hat die Heirat der beiden befohlen. Da war nichts zu machen. Es war beileibe keine Liebesheirat und die Ehe soll sehr, sehr unglücklich gewesen sein. Schon in der Hochzeitsnacht haben die Probleme der beiden angefangen: Als Herzog Max seinen

Pflichten als frischgebackener Ehemann nachkommen wollte, hat die Ludovika ihn völlig entsetzt von sich gestoßen. Der Bräutigam war auf die heftige Reaktion seiner frisch Angetrauten überhaupt nicht vorbereitet und ist rücklings in den offen stehenden Schlafzimmerschrank hineingepurzelt. Ludovika hat eilig die Schranktüre zugeschlagen, sie versperrt und die ganze Nacht nicht mehr aufgemacht. Und so hat Herzog Max seine Hochzeitsnacht im Schrank verbringen müssen, während die junge Braut alleine in ihrem gemeinsamen Ehebett schlief. Erst am Morgen, um ihm die Schande vor den Dienstboten zu ersparen, hat sie ihn wieder herausgelassen. Im Grunde hatte der Herzog noch Glück, dass seine Frau es nicht so gemacht hat wie die Brunhild im Nibelungenlied. Die hat ihren Gemahl, den König Gunter, an seinen Hosenträgern am Garderobenhaken aufgehängt und ihn erst in der Früh wieder runtergeholt. Trotzdem, der Herzog hat das seiner Frau nie vergessen und Rache geschworen. Es war jedenfalls kein guter Anfang für eine Ehe. In dieser Spielart ist es auch weitergegangen mit den beiden. An ihrem ersten Hochzeitstag hat die arme Ludovika den ganzen Tag, von morgens bis abends nur geweint, so unglücklich war sie.

Aber das Fräulein Amalie glaubt das nicht. Sie glaubt, dass die Ehe so unglücklich gar nicht war, wie beide immer in alle Welt hinaustrompetet haben. Immerhin sind zehn Kinder aus der Ehe hervorgegangen. Acht davon haben das Erwachsenenalter erreicht. Auf einer gewissen Ebene haben sich die beiden letzten Endes doch ganz gut verstanden. An Scheidung hätten sie nie im Leben gedacht! Schmunzelnd hat das Fräulein Amalie hinzugefügt: »Höchstens an Mord.«

An der Mutter kann es übrigens auch nicht gelegen sein, dass Sisi kein hübsches Kind war. Ludovika soll in ihrer Jugend fast noch schöner gewesen sein als ihre Tochter. Außergewöhnlich war, dass die Herzogin die Erziehung ihrer Kinder selbst übernommen hat. Das ist ihr nicht unbedingt gut gelungen, weil die aufgeweckte, ständig lärmende Kinderschar für die arme Königstochter, die keine Ahnung von vernünftigen Erziehungsmethoden hatte, praktisch nicht zu bändigen war.

Vor allem die Sisi war ein richtiger Wildfang. Die Winter in München mochte die Prinzessin nicht so sehr. Aber die Sommer am Starnberger See (damals hieß er noch Würmsee) liebte sie. Schwimmen, Fischen, Reiten, Wandern, Bergsteigen – alles machte sie mit großer Begeisterung. Nur still zu sitzen war ihr beinahe unmöglich. Sätze wie:»Prinzessin, wollen wir den Aufsatz endlich zu Ende schreiben und nicht die Fliegen fangen!« oder: »Nicht jetzt die Schmetterlinge beobachten! Erst fertigrechnen!« hörte sie fast täglich. Man nannte sie deswegen auch »Prinzessin Wildfang«. Im Sommer lief sie gemeinsam mit ihren lebhaften Geschwistern am liebsten barfuß herum. In Possenhofen war Sisi auch mit Kindern aus dem Dorf befreundet. Die nannten sie einfach »Zopf-Liesl« wegen ihrer besonders langen, besonders dicken Zöpfe.

Es gibt ja so viele verschiedene Namen für Elisabeth und die werden zu allem Überfluss noch verschieden geschrieben! Ich habe das Fräulein Amalie gefragt, ob man jetzt Sisi schreiben muss oder Sissi oder doch Sissy? Darauf hat sie nur gewartet, glaube ich, denn sofort setzte sie eine sehr bedeutsame Miene auf und fing an, mir das alles ganz genau zu erklären: Die Tante Fanny hat immer von der Kaiserin gesprochen und eigentlich keinen Namen genannt. Sie hat nur erzählt, dass der Kaiser seine Frau manchmal ganz verliebt seine »Engels-Sisi« genannt hat. Die Schreibung von Sisi oder Sissi ist ein wenig verwirrend. In den allermeisten Briefen, die es gibt, wird Sisi mit einem s geschrieben, manchmal aber auch Sißi. Fräulein Amalie glaubt, dass die Rechtschreibung einfach noch nicht so stur festgelegt war wie heute, und dass weniger geläufige Namen von jedem einfach so geschrieben wurden, wie er es im Gefühl hatte. Sisi selber hat ihre Briefe sogar manchmal mit Elise unterschrieben. Der Vater aber nannte sie lieber Lieserl oder Lisi. Und von der Lisi ist es schon gar nicht mehr weit zu Sisi. So viele Namen für ein und dieselbe Frau! Da kann einem fast schwindlig werden. Keiner weiß aber genau, wie man Eli-

sabeths bekanntesten Kosenamen damals ausgesprochen hat:
Die bairische Version wäre »Sissi«, die französische Variante
»Sisi«. Geschrieben wurde der Name meistens mit nur einem
»s«, also »Sisi«. In Elisabeths Familie wurde aber eher Bairisch
gesprochen. Es heißt, dass Elisabeth mit fünfzehn Jahren noch
keinen geraden französischen Satz herausgebracht hat. Heute
ist es üblich, »Sisi« zu schreiben und »Sissi« zu sagen. Wer
»Sisi« schreibt, zeigt, dass er sich auskennt und sein Wissen
nicht nur aus den »Sissi«-Filmen« mit Romy Schneider bezo-
gen hat.

Als Sisi fünfzehn Jahre alt war, hatte sie kaum etwas Weib-
liches an sich. Sie war ein dünnes, schlaksiges Mädchen mit
sehr derben Gesichtszügen. Auch war sie überhaupt noch
nicht entwickelt. Das Fräulein Amalie hat dazu gesagt, dass
sie mit Weiblichkeit zu jener Zeit nicht gerade gesegnet war.
Das junge Mädchen Elisabeth war also mehr der Typ Bohnen-
stange und wirkte sehr, sehr burschikos. Ihr Gang war aber
lustig hüpfend und elastisch. Insgesamt wirkte sie sehr sportlich – für eine Prinzessin ein wenig zu sportlich. Die Mutter
war zu dieser Zeit ziemlich verzweifelt, denn sie hatte sich
in den Kopf gesetzt, alle ihre Kinder so gut wie möglich zu
verheiraten. Bei der unansehnlichen Sisi wusste sie aber beim
besten Willen nicht, wie sie das anstellen sollte. Überall streck-
te Ludovika ihre Fühler aus und horchte und fragte herum.
Auch bei ihrer Schwester, der Königin Marie von Sachsen, hat
sie ziemlich hoffnungslos angefragt: »Sisi bei Euch zu wissen,
würde ich freilich als ein großes Glück ansehen …, aber leider
ist es nicht wahrscheinlich (…) hübsch ist sie, weil sie sehr
frisch ist, aber sie hat keinen einzigen hübschen Zug (…).«[2]

Wenn eine Mutter so etwas über ihre Tochter schreibt, dann
muss schon ein Körnchen Wahrheit darin stecken. Vor allem,
wenn sie sich auf dem Heiratsmarkt realistische Chancen ausgerechnet hätte, ihre Tochter im wahrsten Sinne des Wortes
an den Mann zu bringen.

Ludovika fuhr mit Sisi sogar extra nach Sachsen, zeigte
das etwas unglücklich geratene Mädchen herum und bot es

verschiedenen Familien an. Doch jeder, der Sisi zu Gesicht bekam, lehnte dankend ab. Keiner wollte das hässliche Entlein haben und frustriert kehrten Mutter und Tochter ohne Bräutigam wieder heim nach Bayern.

Ganz andere Hoffnungen machte sich Ludovika allerdings für die um vier Jahre ältere Tochter Helene. Die wurde weithin bewundert für ihre Schönheit. Sie war gebildet, hatte gute Manieren und wurde eigens darauf hin erzogen, eventuell einmal die Gemahlin des österreichischen Kaisers zu werden ...

Die Überraschungsbraut

Man kann sich lebhaft vorstellen, wie groß die Aufregung war, als Herzogin Ludovika die Einladung zum dreiundzwanzigsten Geburtstag des Kaisers nach Bad Ischl in Händen hielt. Erzherzogin Sophie, die eine Schwester von Ludovika war, hatte schon durchblicken lassen, dass sich ihr Sohn an seinem Geburtstag verloben sollte. Es wurde zwar nicht ausdrücklich erwähnt, aber jedem war klar, dass Helene die Auserwählte sein sollte. Kaiser Franz Joseph war damals der begehrteste Junggeselle überhaupt. Nicht nur, dass er ein äußerst gut aussehender junger Mann war, er regierte zudem ein riesiges Reich, das größte nach Russland. Alle mussten nach seiner Pfeife tanzen – und er ein bisschen nach der Pfeife seiner Mutter. Aber das ist eine andere Geschichte. Franz Josephs Mutter, Erzherzogin Sophie, befand jedenfalls, dass es für den jungen Kaiser allerhöchste Zeit war, sich eine Gemahlin zu suchen.

Zur Sicherheit wollte Ludovika ihren Gemahl, Herzog Max, zu Hause lassen. So konnte er ihren Plänen nicht in die Quere kommen und nichts verderben. Er hielt nämlich nicht viel vom vornehmen Getue und von der Hofetikette. Erschwerend kam hinzu, dass Erzherzogin Sophie ihren Schwager nicht besonders mochte. Stattdessen sollte Sisi mitkommen. Sie war damals fünfzehn Jahre alt und etwas schwierig – wie man halt so ist in diesem pubertären Alter. Doch der Kaiser hatte ja auch noch jüngere Brüder. Vielleicht fällt da einer ab für unser hässliches Entlein, dachte sich die Mutter. Sisi war gerade unglücklich verliebt in den jungen Grafen Richard S., den sie im väterlichen Haus in München kennengelernt hatte. Nachdem die heimliche Liebe »aufgeflogen« war, der Graf aber für eine Heirat nicht in Frage kam, wurde er kurzerhand versetzt und so aus Sisis Gesichtskreis entfernt. Es gab aber noch einen Grund, warum Sisi mit dabei sein sollte: Kaiser Franz Joseph sollte nicht das Gefühl haben, eine einzige Prinzessin vor die Nase gesetzt zu bekommen, die er ohne Wenn und Aber heiraten musste. Erzherzogin Sophie war eine schlaue Frau. Ihr Sohn sollte die Möglichkeit haben, unter mehreren oder genauer gesagt: zwischen zwei Prinzessinnen wählen zu können. Jeder dachte sich natürlich, seine Wahl würde auf Helene fallen.

Aber wie wir alle wissen, ist es ganz anders gekommen. Der Kaiser verliebte sich wider Erwarten nicht in die schöne Helene, sondern in die schüchterne kleine Schwester. Elisabeth hat dem Kaiser vielleicht genau deswegen so gut gefallen, weil sie so einfach, schlicht und natürlich gewirkt hat in ihrem weiß-rosa Kleid. Die Helene, auf deren prachtvolles, weißes Seidenkleid sich alle Vorbereitungen konzentriert haben, hat einfach umwerfend ausgesehen – aber auch ein wenig unnahbar. Wie die blutjunge Sisi den Franz Joseph mit ihrem strahlenden und zugleich scheuen Lächeln angeschaut hat, da war es einfach »aus und geschehen um den Kaiser«, wusste das Fräulein Amalie. Es war Liebe auf den ersten Blick. Franz Joseph hat Sisi ganz spontan zum Kotillon aufgefordert. Er ist zwar ganz kurz auf Helene zugesteuert, hat sich vor ihr verneigt und entschuldigt, einen Schritt zur Seite gemacht und die völlig überraschte Sisi gefragt, ob sie mit ihm den Kotillon tanzen wolle. Alle haben gleich geahnt: Jetzt tanzt der Kaiser mit der zukünftigen Kaiserin! Nur die Sisi dachte an etwas völlig anderes: Sie musste nämlich aufpassen, dem Kaiser beim Tanzen nicht auf die Füße zu treten. Sisi war offiziell noch nicht in die Gesellschaft eingeführt und hatte, außer im Tanzunterricht, noch nie getanzt. Sie war noch nie auf einem Ball gewesen und schon gar nicht auf einem Kaiserball. Es war der Fünfzehnjährigen daher furchtbar peinlich, dass sich plötzlich alle Blicke auf sie richteten. Ihr Gesicht war bis unter die Haarwurzeln glutrot vor Aufregung und während sie tanzte, gingen ihr, immer wiederkehrend, die gleichen Gedanken durch den Kopf: Hoffentlich trete ich dem Kaiser nicht auf die Füße! Hoffentlich mache ich keinen falschen Schritt! Hoffentlich stürze ich nicht! Hoffentlich bringe ich den Kaiser nicht zum Sturz! ... Oder wir stürzen beide! ... Lieber Gott, bitte mache, dass das alles gut vorübergeht!

Der Tanz ist ohne Zwischenfall vonstatten gegangen. Als der Kaiser Elisabeth nach dem Tanz sein Blumenbukett überreichte, verstanden alle Anwesenden das traditionelle Zeichen: Dieses Mädchen war die auserwählte Braut. Alle hatten es verstanden, nur Sisi nicht! Der war die ganze Aufmerksamkeit, die um ihre Person gemacht wurde, schrecklich unangenehm und peinlich. Sie war himmelfroh, als der Abend endlich vorüber war.

Elisabeth hat es erst am nächsten Tag erfahren: Sie war die Auserwählte! Sie sollte die Frau an der Seite des Kaisers werden, der das zweitgrößte Reich der Welt regiert. Zuerst hat der Kaiser durch seine Mutter bei Ludovika angefragt. Dann hat Sisis Mutter, auf ausdrücklichen Wunsch des Kaisers, ihre Sisi gefragt, ob sie den Kaiser von Österreich heiraten wolle. Dass eine Prinzessin gefragt worden ist, war für die damalige Zeit nicht selbstverständlich. Sisi hat aber selbstverständlich »Ja!« gesagt. Das wäre ja noch schöner gewesen. »Einem Kaiser gibt man keinen Korb!«, hat die liebe Frau Mama zu ihr gesagt. Aber das war gar nicht notwendig. Sisi ist in Tränen ausgebrochen und hat beteuert, wie sehr sie den Kaiser liebt: »Ich habe den Kaiser so lieb! Wenn er nur kein Kaiser wäre!« Dieser Ausspruch hat wiederum den Kaiser so gerührt, als er davon gehört hat, dass er ganz feuchte Augen bekommen hat vor lauter Freude und seine Sisi gleich doppelt so lieb gehabt hat. Danach durfte der Kaiser die Braut höchstpersönlich, unter vier Augen und ganz zärtlich, selber fragen. Und – schwupp-diwupp – nach fünf Minuten sind die beiden Arm in Arm aus dem Zimmer herausmarschiert und direkt in die Pfarrkirche von Bad Ischl. Dort wurde gleich die Verlobung gefeiert.

Das Fräulein Amalie hat, nachdem sie mir diese Geschichte erzählt hatte, zufrieden und vornehm von ihrer Melange genippt und noch dazugefügt: »Wenn ein Kaiser frisch verliebt ist, fackelt man nicht lange ...«

Der Himmel war blau gewesen an diesem Tag. Die Berge hatten ihre Gipfel mit Brautschleiern aus schneeweißen Wölkchen geschmückt und blickten von allen Seiten freundlich auf das junge Paar. Doch gleich beim Eintritt in die Kirche ist es zum ersten Eklat gekommen. Die Kaiserinmutter blieb vor der Eingangstüre zurück und ließ ihrer Nichte, der schüchternen fünfzehnjährigen Braut, als zukünftiger erster Frau des Habsburger Reiches den Vortritt. Sisi verstand diese Geste aber gar nicht und sagte: »Aber nein, liebe Tante, geh doch Du zuerst!« Das Fräulein Amalie überlegte einen Moment lang, als sie mir das erzählte: »Ja, ich glaube, Sisi hat ihre Tante in der ganzen Aufregung sogar geduzt. Das war unerhört!« Natürlich durfte Erzherzogin Sophie von ihrer Schwiegertochter nur in der dritten Person und keinesfalls mit »Tante« angesprochen werden. Und natürlich durfte Sisi den angebotenen Vortritt nicht ablehnen. In der kaiserlichen Hierarchie stand Elisabeth ab dem Zeitpunkt der Verlobung höher im Rang als ihre zukünftige Schwiegermutter.

»Das ganze Desaster zeigt ja nur, wie wenig die arme Kleine auf ihre Rolle vorbereitet war«, hat Fräulein Amalie gleich zu Sisis Verteidigung vorgebracht. Nach einigem Hin und Her trat Elisabeth schließlich ganz verschreckt, wie ein scheues Reh, als erste in die Pfarrkirche ein. Alle Blicke und alle Aufmerksamkeit waren auf sie gerichtet, was der unerfahrenen Braut wieder schrecklich unangenehm war. Ihr ist noch der schreckliche Kotillontanz in allen Knochen gesessen. Das kleine »Missgeschick« beim Kircheneintritt war aber ganz schnell wieder vergessen, weil jeder sehen konnte, wie verliebt der Kaiser in seine Braut war. Sogar der Pfarrer hatte vor Rührung und Aufregung Tränen in den Augen. Nach dem Gottesdienst gab es Glückwünsche von allen Seiten, Ansprachen auf das Brautpaar wurden gehalten und Sisi war selber so gerührt, dass sie kaum ein Wort herausbrachte. Herzogin Ludovika hat sowieso vor lauter Ergriffenheit fast die ganze Zeit nur geheult. Insgeheim hatte sie nämlich immer ein bisschen daran gezweifelt, dass der Kaiser wirklich an einer ihrer Töchter interessiert sein könne. Die verschmähte Schwester Helene war übrigens nicht lange traurig darüber, dass nicht sie die Auserwählte war. Sie hat später den Grafen von Thurn und Taxis geheiratet und ist sehr glücklich mit ihm geworden. Für die Bad Ischler Bevölkerung machte es sowieso keinen Unterschied, ob die Prinzessin nun Helene hieß oder Elisabeth. Sie jubelte nach der Verlobung der zukünftigen Kaiserin zu. Am Abend war das Städtchen mit Zehntausenden von bunten Lichtern erleuchtet. Vom Siriuskogel herunter leuchtete sogar ein Tempel aus Lichtern, der die Initialien FJ und E mit einem Brautkranz umgeben zeigte. Aus dem hässlichen Entlein war über Nacht eine Märchenprinzessin geworden!

Die folgenden Tage wurden für die frischgebackene Braut sehr anstrengend. Jeder wollte die zukünftige Kaiserin von Österreich sehen. Ein Fest nach dem anderen fand statt. Nebenbei musste Sisi sich malen lassen, denn es gab ja noch keine Fotografie zu jener Zeit. Der verliebte Franz Joseph ist stundenlang daneben gesessen und hat sich mit ihr unterhalten. Das war schön und zugleich sehr aufregend. Eine der zukünftigen Hofdamen, Gräfin Sophie Esterházy, machte Sisi allerdings ein wenig bange. Sie war ziemlich alt und wirkte wie eine strenge Lehrerin. Doch durch die Liebenswürdigkeit aller anderen Leute konnte Elisabeth die Angst vor der Zukunft ganz leicht beiseite schieben. Man konnte förmlich dabei zuschen, wie das Benehmen der Braut sicherer und auch ihre Kleidung von Tag zu Tag eleganter und vornehmer wurden. Der Kaiser überhäufte Sisi mit Geschmeide und Juwelen – und seinen Liebesschwüren. Das junge Mädchen blühte unter der Zuneigung ihres Liebsten förmlich auf. Franz Joseph war es, der die Schönheit einer »aufspringenden Knospe« vor allen anderen entdeckt hatte. Nun fiel keinem mehr ein, von einem hässlichen Entlein zu sprechen. Mit der Blütenranke aus Diamanten und Smaragden – einem Geschenk Franz Josephs – in ihrem wundervollen Haar blitzte jetzt schon eine graziöse Eleganz durch, die einer Kaiserin ganz und gar würdig war. Der fürsorgliche Bräutigam versuchte seiner »Engels-Sisi« mit allen nur erdenklichen Dingen die neue Lebenssituation so angenehm wie möglich zu machen. Sogar eine riesige Schaukel ließ er für die kindliche Braut aufstellen. Sisi benutzte sie mit großer Begeisterung. Während er ihr seine Liebe schwor und sich das gemeinsame Leben vorstellte, schaukelte Elisabeth ausgelassen durch die Lüfte. Franz Joseph hat auch das Bild nie vergessen, wie die Sisi beim gemeinsamen Spaziergang, ihren entzückenden Gartenhut mit Feldblumenkranz auf ihrem Kopf festhaltend, einem kleinen Zicklein gleich um ihn herumgehüpft ist. Fräulein Amalie seufzte ganz tief: »Sie war halt doch noch ein Kind, das hat man schon gemerkt. Aber tapfer hat sie sich gehalten, die Kleine!«

Nach ungefähr zwei Wochen fuhr man endlich wieder zurück nach Bayern. Jetzt ging es erst richtig los: Die Hochzeit sollte acht Monate später stattfinden und für Sisi gab es noch keine Brautausstattung. Schon gar keine, die einer Kaiserin angemessen gewesen wäre! Für die Helene wäre ja schon einiges vorbereitet gewesen, denn Herzogin Ludovika hatte sich der Reihe nach um ihre Töchter kümmern wollen. Sie dachte: Zuerst soll die Helene unter die Haube kommen und dann kommt die nächste dran. Ja, und gerade bei Sisi war nicht sicher, ob sich überhaupt ein Mann für sie finden würde. Dass es jetzt sogar der österreichische Kaiser wurde, war für alle – und besonders für Sisi selber – eine unfassbare Überraschung.

Eilige Vorbereitung

In Windeseile fertigten Dutzende von Schneiderinnen, Schuhmachern, Putzmachern und Stickerinnen eine standesgemäße Brautausstattung. Sisi war einen Großteil des Tages damit beschäftigt, Kleider anzuprobieren – und das waren ganz schön viele Kleider!

Fräulein Amalie las mir aus der Putzliste der Brautausstattung vor: 17 Putzkleider; 14 seidene Montantkleider; 6 Schlafröcke; 19 Sommerkleider; 4 Ballkleider; 16 Hüte und Schleier mit Federn, Rosen und Veilchen, Spitzen und Perlen; 12 Coiffuren (Haarschmuck) aus Federn, Rosenblättern, Spitzen, Perlen und Bändern; 6 Mäntel; 8 Mantillen; 5 Mantelets aus Samt und schwerem Tuch; 4 Krinolinen (Reifröcke); 3 Reitkorsetts; Wäsche: 14 Dutzend Hemden; 14 Dutzend Strümpfe (von feinster Seide bis Winterwolle); 6 Dutzend Unterröcke; 5 Dutzend Beinkleider; 24 Frisiermäntel; 20 Dutzend Handschuhe in allen Farben; 6 Paar Lederstiefelchen; 24 Nachthalstücher; 12 gestrickte Nachthauben; 113 Paar Schuhe.

Die Putzkleider waren mit meterlangen festlichen Schleppen versehen und die Seiden- und Sommerkleider mit Blumenstickereien wie Rosen, Veilchen und Vergissmeinnicht oder Kornähren geschmückt. Die Ballkleider waren ohne Schleppe: »Ist ja logisch«, hat das Fräulein Amalie gemeint, »sonst kann man ja nicht tanzen!« Zu den Kleidern passend wurden Coiffuren und Hüte getragen, aber auch Kronen und Diademe – standesgemäß eben. Natürlich hat zur standesgemäßen Ausstattung noch einiges mehr gehört, wie zum Beispiel Tafelsilber, in das Elisabeths Monogramm, ein E mit einer Kaiserkrone, graviert wurde. Sisi sah mit großem Erstaunen, was da alles eigens für sie hergestellt wurde und konnte sich ihr zukünftiges Leben nur schwer vorstellen.

Übrigens – die 113 Paar Schuhe waren viel zu wenig. Darüber hat man in Wien ziemlich die Nase gerümpft und sofort den Auftrag gegeben, neue Schuhe zu machen. Der Hintergrund war, dass die österreichische Kaiserin ihre Schuhe nur einen Tag lang tragen durfte. Anschließend wurden sie verschenkt. Dabei gab es damals noch keine Rechts-links-Unterscheidung zwischen den Schuhen. Der rechte Schuh war haargenau gleich gemacht wie der linke und dadurch war das Schuhwerk äußerst unbequem. Mit diesem Brauch konnte sich Elisabeth nicht recht anfreunden und nach ein paar Jahren hat sie ihn tatsächlich abschaffen können. Aber erst einmal musste sie da durch. Es hat alles Jammern nichts geholfen.

Zum Jammern hat die recht ahnungslose bayerische Prinzessin in dieser Zeit wahrlich guten Grund gehabt. Sisi fühlte sich zwar außerordentlich geschmeichelt, weil ihr von allen Seiten so viel Aufmerksamkeit entgegengebracht wurde. Auf einmal war sie die Wichtigste in der Familie! Aber das ewige Lernen, Vorbereiten und Kleiderprobieren hat ihr gar keine Muße mehr gelassen, für die Dinge, die sie sonst so gerne gemacht hat. Sie hatte fast keine Gelegenheit mehr zum Fischen, Schwimmen, Reiten und Wandern. Andererseits war sie doch auch sehr verliebt in den Kaiser und schwankte gefühlsmäßig zwischen freudiger Erwartung und Angst vor dem neuen Leben als Kaiserin hin und her. Bei dem ganzen Vorbereitungswahn hat sie nur eine kleine Ahnung davon bekommen, was alles auf sie zukommen wird. Denn Sisi sollte selbstverständlich nicht nur gut aussehen, sondern musste sich auch wie eine Kaiserin benehmen können. Und das war das Schwierigste. Da hieß es lernen, lernen und noch einmal lernen! Sisi musste beispielsweise die Sprachen der Habsburger Monarchie und ihrer Kronländer lernen. Vor allem Französisch und Italienisch hat man ihr einzutrichtern versucht. Obwohl Französisch auch in München Hofsprache war, hat es geheißen, Sisi habe keinen vernünftigen Satz zustande gebracht. Jetzt hat es sich ein wenig gerächt, dass sie als Kind nicht gern gelernt hat. Alles Versäumte in ein paar Monaten aufzuholen, war schwierig. Natürlich musste sich Elisabeth auch mit der Geschichte Österreichs ausführlich befassen. Das hat ihr aber sogar Spaß gemacht. Für die Stunden ist nämlich extra ein ungarischer Lehrer nach Possenhofen gekommen, den ihr Vater in seinen literarischen Kreisen aufgetrieben hatte. Graf Johann Mailáth war Historiker und hat den schwierigen Stoff der österreichischen Geschichte mit einer solchen Leichtigkeit und so unterhaltsam erzählen können, dass sich immer eine ganze Schar von Familienmitgliedern zum Zuhören eingefunden hat. Die Geschichtsstunden haben oft bis spät in die Nacht gedauert. Johann Mailáth war auch der erste, der durch seine Erzählungen über seine Heimat Ungarn die Neugier Elisabeths auf dieses Land geweckt hat. Mit großer Begeisterung hörte sie ungarische Sagen, Märchen und Abenteuergeschichten des mutigen Reitervolkes. Ganz nebenbei erfuhr Elisabeth dabei vom großen Ehrgefühl der Ungarn, das immer mit ritterlichem Mut verbunden war. Beiläufig erklärte Mailáth der kindlichen Braut auch die alte ungarische Verfassung und die Vorzüge einer republikanischen Regierungsform – ganz so, als hätte er gewusst, dass er die zukünftige Königin Ungarns vor sich hatte. Elisabeth hat sich ihr ganzes Leben lang an diese Geschichten erinnern können. Ihre politischen Anschauungen haben sich damals ausgeprägt und ein Leben lang nicht mehr verändert. Nicht zu glauben, was ein guter Lehrer ausmacht. Die spätere Kaiserin hat ihrer Friseuse oft von Herrn Mailáth erzählt.

An ihrem sechzehnten Geburtstag war die junge Elisabeth also schon zukünftige Kaiserin von Österreich. Franz Joseph kam extra aus Wien angereist, um Weihnachten und ihren Geburtstag mit seiner lieben Braut zu feiern. Obwohl es schon weit nach Mitternacht war, als er in München ankam, wollte er Sisi sofort sehen. Solche Sehnsucht hatte er! Die beiden schenkten sich am Weihnachtsabend gegenseitig ihre Gemälde, die sie jeweils zu Pferd zeigten. Franz Joseph überraschte Sisi außerdem mit einem Strauß frischer Rosen aus dem Palmenhaus in Wien. Mitten im Winter frische Blumen zu haben, war eine Sensation! Am meisten aber freute sich Elisabeth über den Papagei, der mit den Rosen geliefert wurde, und sie beschäftigte sich stundenlang mit ihm.

Der Kaiser war im Oktober schon einmal auf Besuch in Bayern gewesen, damals wollte er feierlich beim bayerischen König um die Hand Elisabeths anhalten. In Bayern war man überrascht und hat das eigentlich gar nicht für notwendig gehalten. Für König Max II. war sowieso klar, dass man einem Kaiser keinen Korb gibt. Außerdem hat Kaiser Franz Joseph den Bayern anlässlich seiner Hochzeit die eine Hälfte der Zugspitze geschenkt, die bis dahin noch zu Österreich gehört hatte. Er war sehr großzügig gestimmt und soll bei der feierlichen Schenkung gesagt haben: »Den schenk ich euch, damit ihr auch einen richtigen Berg habt!« Und recht hat er gehabt, der Kaiser, denn bis heute ist die Zugspitze der höchste Berg, und das nicht nur in Bayern, sondern in ganz Deutschland.

Franz Joseph hat damals mit seiner Sisi ein paar herrlich verliebte Tage in Possenhofen verbracht. Endlich konnte er Elisabeth in ihrer »natürlichen Umgebung« kennenlernen, wo sie ungezwungen, ausgelassen und überhaupt nicht schüchtern war. Als der Kaiser Sisi zum ersten Mal zu Pferd erblickte, ging ein Strahlen über sein Gesicht, das mit Worten nicht zu beschreiben ist. Elisabeth ritt mit solcher Eleganz, Perfektion und Leidenschaft, dass sie alle Blicke magisch angezogen hat. Dabei sollte Franz Joseph den Rat seiner Mutter überbringen, dass Sisi nicht so viel reiten solle, weil das zu gefährlich sei. Jetzt aber wurde ihm augenblicklich klar, dass Sisi freiwillig niemals auf das Reiten verzichten würde. Umgekehrt war die fünfzehnjährige Braut sichtlich angetan von ihrem gutaussehenden Bräutigam. Man sah den beiden förmlich an, wie sie von Tag zu Tag vertrauter miteinander wurden und wie verliebt sie waren. Am Anfang war Sisi ja noch recht unsicher gewesen, ob sie den Kaiser wirklich von ganzem Herzen lieben könne, wie das alle von ihr verlangten. Aber nach diesem schönen Aufenthalt in ihrem geliebten »Possi«, wie sie es nannte, waren alle ihre Zweifel in Luft aufgelöst. Dass Franz

Joseph die Natur ebenso liebte wie sie selber, hat sie besonders gefreut. Ja, alles in allem kann man sagen: Die beiden kamen prächtig miteinander zurecht!

Der Münchner Hof kam aber weniger prächtig mit der Situation zurecht. Wie man mit einem Kaiser als Bräutigam umgehen soll, hat man dort nicht recht gewusst. Bei einer Festvorstellung im Hoftheater wurde fast in letzter Minute die ursprünglich geplante Oper »Wilhelm Tell« abgesetzt, weil König Maximilian aufgefallen war, dass in dem Stück der österreichische Fronvogt Geßler im Vergleich zu den edlen und freien Schweizern gar nicht gut wegkommt. Stattdessen hat man dann die Oper »Katharina Cornaro« aufgeführt, die noch weniger geeignet war, weil die Handlung mit einer aufgelösten Verlobung beginnt und mit dem Sterben des Kaisers aufhört. Gut nur, dass der Kaiser in seiner unendlichen Verliebtheit darüber hinwegsehen konnte.

Herzog Max in Bayern, Sisis Vater, hat es auch nicht recht viel besser gemacht: Seine Tafelrunde Alt-England beglückwünschte den Kaiser mit einem ihrer beliebten Leberreime. Die Reime haben, wie schon der Name sagt, immer etwas mit Leber zu tun:

»Die Leber ist von einem Hecht
und nicht von einem Kater,
Lasst's schmecken euch gar fein und wohl
beim neuen Schwiegervater.«[3]

Diese Geschmacklosigkeit ist sogar bis zum König durchgedrungen, der Herzog Max ordentlich die Leviten gelesen und dabei gleich seinem Ärger über die missglückte Oper Luft gemacht hat. Übrigens, sogar im »Sissi«-Spielfilm mit Romy Schneider singt der Herzog in fröhlich-bayerischer Kegelrunde exakt diesen Leberreim! Wenn man die Geschichte dazu nicht kennt, fällt der Leberreim gar nicht auf. Weiß man aber um den Hintergrund, muss man doch sehr lachen.

Sisis Vater im echten Leben hatte allerdings nichts zu lachen: Er ist darauf aufmerksam gemacht worden, dass er jetzt durch die Heirat seiner Tochter mit seiner Familie im Rampenlicht stehe und er sich solche Possen nicht mehr leisten könne. Das Zitherspielen in den Dorfwirtshäusern, der Umgang mit Bauern und Knechten, das Missachten aller protokollarischen Schranken war für den Schwiegervater des österreichischen Kaisers nicht akzeptabel. Der Herzog und seine Familie wurden aufgefordert, ein ihrem Stand würdiges Leben zu führen. Das hat Max und Ludovika überhaupt nicht gepasst. Überraschenderweise waren sich die beiden in dieser Sache einig; eine der seltenen Gelegenheiten, bei denen die beiden ein Herz und eine Seele waren.

Auch Sisis Unbehagen gegenüber ihrer zukünftigen Stellung wuchs von Tag zu Tag. Vor allem die ganzen protokollarischen Sachen interessierten sie sehr wenig. Ein Ehevertrag wurde aufgesetzt und ein Heiratsgeld vereinbart. Von zu Hause erhielt Elisabeth 50 000 Gulden »aus väterlicher Liebe und Zuneigung«. Franz Joseph verpflichtet sich zu einmalig 100 000 Gulden Heiratsgut und jährlich 100 000 Gulden Taschengeld, das sogenannte »Spennadelgeld«. Außerdem musste eine päpstliche Heiratserlaubnis eingeholt werden, denn streng genommen durften Cousin und Cousine nicht heiraten. Papst Pius hat es aber, Gott sei Dank, nicht so eng gesehen und die Eheschließung anstandslos erlaubt.

Einen ersten Vorgeschmack auf das strenge Protokoll-Leben bekam Sisi, als sie in einem »Renunzionsakt« feierlich auf die Erbfolge im Königreich Bayern verzichten musste. Elisabeth saß in einem langen Schleppenkleid unter einem Baldachin neben König Maximilian auf der Estrade des Thronsaales und wurde von Hofwürdenträgern, Staatsministern sowie den Mitgliedern des königlichen und herzoglichen Hauses mit Argusaugen beobachtet, wie sie »nach gemachten Verbeugungen vor Ihren Majestäten und den Durchlauchtigsten Eltern«[4] langsam und feierlich zum Tisch schritt, auf dem das Evangelium lag, ihren Eid schwor und nach Verlesung der Verzichtserklärung diese unterschrieb.

Das Traumschiff

Als es dann endlich Zeit für Elisabeth war, sich auf die Reise nach Wien zu machen, war die Münchner Ludwigstraße von Tausenden Menschen gesäumt, die ihr zum Abschied zujubelten. Die meisten wussten bis zu diesem Zeitpunkt nicht, welche von den Töchtern der herzoglichen Familie die junge Braut war und haben nun zum ersten Mal gesehen, wie sie aussah. Das Volk und auch der Münchner Hof waren begeistert von der jugendlichen Schönheit und der sympathischen Ausstrahlung des Mädchens, das bald Kaiserin sein sollte. So mancher hat sich darüber gewundert, wie sie bisher so unbemerkt geblieben sein konnte.

Für Sisi aber war die schwere Stunde des Abschiednehmens gekommen. Zum letzten Mal in ihrem Leben durfte sie Menschen ihre Hand zum Lebewohl reichen. Als Kaiserin war ihr das untersagt. Sie durfte nur mehr ausgewählten Personen ihre Hand zum Kusse reichen. Jedem Dienstboten drückte sie deshalb mit umso größerer Leidenschaft und unter Tränen die Hand. Für jeden einzelnen hatte das sechzehnjährige Mädchen ein kleines Geschenk und ein persönliches Wort. Der regierende König Maximilian II. und der abgedankte König Ludwig I. erschienen in österreichischen Regimentsuniformen mit ihren Gattinnen. Alles, was Rang und Namen hatte, war versammelt, als Sisi mit tränenüberströmtem Gesicht in die Kutsche Richtung Straubing einstieg. Der Jubel der Zuschauer war so laut, dass sich Sisis Bruder Karl Theodor, der mit den Geschwistern vorne am Kutschbock saß, die Ohren zuhalten musste. Elisabeth war so überwältigt, als sie die Ludwigstraße bis zum Siegestor entlangfuhr, dass sie sich zum ersten Mal und ohne nachzudenken ihrer Rolle entsprechend benahm: Die gerührte Prinzessin erhob sich und winkte mit dramatischer Geste in alle Richtungen.

Die Reise nach Wien dauerte volle drei Tage und ist wohl nur schlecht mit einer heutigen Reise zu vergleichen. Der Zug nach Wien braucht heute fünf Stunden, das Flugzeug sogar nur eine. Trotzdem ging die Schiffsreise verhältnismäßig schnell, weil es 1854 auf der Donau noch keine Kraftwerke und Schleusen gab. Heutzutage werden die Schiffe dadurch ziemlich aufgehalten. An jeder Anlegestelle gab es selbstverständlich einen großen Empfang für die zukünftige Kaiserin mit Musikkapellen, Festreden, Fahnenschwenken, weißgekleideten Mädchen, die Gedichte aufsagten und Blumen überreichten. Das alleine schon drei Tage lang durchzuhalten, war für die sechzehnjährige Elisabeth nicht einfach.

An der bayerischen Grenze war eine wunderschöne, mit Blumen geschmückte Triumphpforte errichtet. Die bayerische Prinzessin wurde feierlich von einer kaiserlichen Deputation in ihrer neuen Heimat in Empfang genommen. Am zweiten Abend in Linz gab es eine große Überraschung außerhalb des Protokolls: Kaiser Franz Joseph hatte es vor Sehnsucht nicht ausgehalten und war schon frühmorgens von Wien aus mit einem Dampfboot nach Linz gefahren, um seine Braut zu sehen. Nach einem turbulenten Abend mit einer Festvorstellung von »Die Rosen der Elisabeth«, Fackelzug, Stadtbeleuchtung und großem Chorgesang machte sich der Kaiser im Morgengrauen schon wieder auf den Weg zurück nach Wien, um bei der offiziellen Begrüßung der Braut anwesend zu sein und so zu tun, als wäre nichts gewesen.

Die letzte Etappe fuhr Sisi auf einem blumenüberladenen Raddampfer mit dem bedeutungsvollen Namen »Kaiser Franz Joseph« auf der Donau bis nach Wien. Es war ein traumhaft schöner Dampfer, so ein prachtvolles Schiff hatte es auf der Donau vorher noch nie gegeben! Meine Nachbarin, das Fräulein Amalie, schwärmte jedenfalls sehr lange mit verklärtem Blick und beschrieb mir das Traumschiff bis ins kleinste Detail. So weit will ich aber jetzt nicht gehen und so gut kann ich mich auch nicht mehr erinnern. Ich weiß nur mehr, dass das ganze Schiff mit Rosengirlanden geschmückt war, die bis ins Wasser reichten. Elisabeths Kajüte war, einer Kaiserin würdig, komplett mit Pupursamt ausgekleidet und an Deck, das sich in einen paradiesischen Blumengarten verwandelt hatte, stand eigens für Sisi eine Rosenlaube, in die sie sich ab und an zurückziehen konnte, wenn ihr das Winken zu viel wurde. Denn fast die ganze Zeit stand sie an Deck des Schiffes, winkte mit ihrem Spitzentaschentuch, lächelte und weinte abwechselnd.

Am dritten Tag der Reise war Elisabeth völlig erschöpft und überwältigt von den vielen Eindrücken. Auf dieser letzten Etappe durch die Wachau fiel es ihr schon schwer, sich überhaupt aufrecht zu halten. Außerdem spürte sie vom vielen Winken ihren Arm fast nicht mehr. Das Mädchen war einem Zusammenbruch nahe. Doch überall winkten und jubelten die Menschen der jungen Braut zu. In Österreich war arbeitsfrei an diesem Tag und Zehntausende von Menschen säumten die Ufer und wollten ihre künftige Kaiserin sehen. Es gab noch kein einziges Foto Elisabeths, jeder einzelne wollte sich deswegen unbedingt selbst von ihrem Aussehen überzeugen.

Kurz vor der Ankunft in Wien hat sich die ganze Hochzeitsgesellschaft noch einmal umgezogen und stand nun in prächtiger Galakleidung für den großen Empfang bereit. Sisi hatte sich in eine wahrhaftige Märchenprinzessin verwandelt. In ihrem prächtigen rosa Putzkleid mit ganz weit ausladendem Reifrock und weißer Spitzenmantille, die lange Schleppe dekorativ ausgelegt, stand sie wie eine Statue auf dem anlegenden Traumschiff bereit für ihren ersten offiziellen Auftritt in Wien. Sisi atmete noch einmal tief durch. Und das war auch bitter nötig, denn jetzt wurde es ernst. Direkt an der Anlegestelle war ein riesiger, pompös geschmückter Triumphbogen aufgebaut. Alles, was Rang und Namen hatte, war hier versammelt, um die Braut standesgemäß zu empfangen. Die Prunkgewänder der Bischöfe, Erzherzoginnen und Hofdamen blitzten schon von Weitem und verschlugen den Ankommenden schier den Atem. Als das Schiff einfuhr, läuteten alle Kirchenglocken Wiens. Sie wurden begleitet von donnernden Böllerschüssen, Musikkapellen, Chorgesängen und Jubelrufen der Bevölkerung. Ganz Wien jubelte. Elisabeth war überwältigt und fühlte sich unfähig, auch nur eine einzige der für das Protokoll einstudierten Handlungen auszuführen. Ganz unvorhergesehen sprang der junge Kaiser ungeduldig auf das Schiff, das noch nicht einmal richtig angelegt hatte, stürmte auf seine Braut zu und umarmte und küsste sie unter all den Jubelrufen, dem Glockengeläut und Böllerschüssen. Das war eigentlich ein Skandal, denn damit hatte der Kaiser sich nicht an das strenge spanische Hofzeremoniell gehalten. Und das kam bei ihm, der alles so genau nahm, ansonsten nie vor. Gerade deswegen war man umso begeisterter, den sonst so förmlichen Kaiser so verliebt und außer Rand und Band zu sehen. Das Fräulein Amalie hat mir erzählt, dass noch niemals eine Kaiserbraut mit so großem Pomp und gleichzeitig so herzlich in Wien empfangen wurde, wie das bei Elisabeth der Fall war. Nach vielen umständlichen protokollarischen Begrüßungszeremonien setzte sich eine ganze Kutschenkarawane nach Schloss Schönbrunn in Bewegung. Dort wurden die in großer Anzahl anwesenden Familienmitglieder untereinander bekannt gemacht und Elisabeths neuer Hofstaat präsentiert. Sisi war sehr betrübt, denn sie musste sich von ihren »Damen« aus Bayern verabschieden. Das Protokoll schrieb vor, dass die zukünftige Kaiserin keine vertrauten Personen aus der Heimat für ihren persönlichen Dienst mitbringen durfte. Alle ihr vorgestellten Hofdamen und sonstigen Bediensteten waren Sisi fremd, was sie sehr verunsicherte. Noch aber waren ihre Geschwister und Eltern da, noch war sie nicht ganz allein.

Am nächsten Tag schon musste Sisi ein Mammutprogramm bewältigen. Der Einzug der Braut in Wien war sehr prunkvoll und märchenhaft inszeniert. In stundenlanger Toilette wurde die Kaiserbraut hergerichtet: Sie trug ein prächtiges, mit Rosengirlanden verziertes Schleppenkleid und ein Diamantendiadem auf dem aufwendig frisierten Haar. Ihr Reifrock war so weit und ausladend, dass sie kaum damit in der Kutsche Platz hatte.

Elisabeths Aufgabe war, sich ihren Untertanen zu präsentieren. Nachdem es nicht möglich war, in der Zeitung eine Fotografie der Braut zu sehen oder gar im Fernsehen das Hochzeitsfest mitzuverfolgen, musste Elisabeth sich persönlich sehen lassen, zeigen, wie sie aussah und dass es sie wirklich gab. Jedermann wollte die Braut mit eigenen Augen sehen.

Ganz Wien war mit Blumen und Fahnen geschmückt. Sogar die Straßen waren mit Blütenblättern bestreut und, wie schon die Tage zuvor, jubelten ihr nun die Wienerinnen und Wiener tausendfach entgegen. Elisabeth sah wahrhaft wie eine Märchenprinzessin aus, wie sie in einer von acht Lipizzanern gezogenen Prunkkutsche durch Wien fuhr – wie frisch einem Märchenbuch entstiegen! Mutter Ludovika glaubte selber, das könne nur ein Traum sein. Ihr hässliches Entlein war ein wunderschöner Schwan geworden! Mit einer unerwarteten Anmut winkte Sisi aus der Kutsche, stieg aus, hörte Festreden an, nahm Blumen in Empfang, stieg wieder in die goldene Kutsche, weihte eine Brücke, die Elisabethbrücke, ein und ließ sonst noch allerhand Zeremonien über sich ergehen. Der Schwan sah aber auch sehr traurig aus und weinte viel an diesem Tag. Elisabeths Erschöpfung war für alle sichtbar. Doch es kam noch schlimmer, denn am Tag darauf war schon die Trauung vorgesehen.

Sisi bekam am Abend von ihrer Obersthofmeisterin, Gräfin Sophie Esterházy, ein seitenlanges Protokoll, das sie für die Trauungszeremonie auswendig lernen musste. Wieder gab es reichlich Tränen. Wie sollte sie das nur schaffen? Doch die Esterházy kannte kein Mitleid. Kaiserin zu sein ist eben kein Zuckerschlecken, soll sie gesagt haben. Arme Sisi! Dem Fräulein Amalie und mir hat sie schon richtig leid getan. Jedes Detail war genau geplant. Von den Edelknaben und Schleppenträgern, den palast- und appartmentmäßigen Damen bis hin zu den aufwartenden Generälen wusste jeder ganz genau, was er an diesem Tag zu tun hatte. Alle hofften, dass die schüchterne bayerische Prinzessin das auch wissen würde. Immerhin waren 75 000 Menschen aus aller Herren Länder zur prachtvollsten und größten Hochzeit, die es je geben sollte, gekommen.

Die ewige Hochzeit

Sisi fühlte sich klein, schwach und ihrer Aufgabe nicht gewachsen. Nach einer elendslangen Toilette und stundenlangem Protokoll-Lernen konnte sich Elisabeth in ihrem sieben Kilo schweren, gold- und silberdurchwirkten Kleid kaum mehr aufrecht halten, als sie blass und verschreckt zwischen ihrer Schwiegermutter und ihrer Mutter um sieben Uhr am Abend zum Traualtar schritt. Die Schleppenträger trugen, wie vom Protokoll vorgesehen, ihre meterlange glitzernde Schleppe. Am Altar erwartete der Kaiser in Feldmarschalluniform mit vor Stolz und Orden geschwellter Brust seine um sieben Jahre jüngere Braut. Die Augustinerkirche war mit Tausenden von Kerzen hell erleuchtet; die Edelsteine und Perlen an den Prunkkleidern der rund tausend erschienenen hohen Herrschaften blitzten derart, dass es regelrecht blendete. Die Trauungszeremonie dauerte eine halbe Ewigkeit. Kardinal Rauscher brauchte 75 Bischöfe zu seiner Unterstützung und er hörte und hörte einfach nicht auf zu reden. Später hat er deswegen den Spitznamen »Kardinal Plauscher« bekommen.

Als es dann endlich vollbracht und das Paar getraut war, da war es für Elisabeth noch lange nicht vorbei. Jetzt kamen erst die vielen Gratulationen, Festreden und Audienzen. Und immer ging alles streng nach Protokoll! Nach alter Gewohnheit wollte Sisi ihre bayerischen Cousinen, die sich in bayerischer Tracht unter den Gratulanten befanden, umarmen. Ein Desaster, das in letzter Minute verhindert wurde. Die unsympathische Esterházy war sofort zur Stelle und hat die frisch gebackene Kaiserin ordentlich zurechtgewiesen. Fräulein Amalie machte die Obersthofmeisterin nach und sagte immer wieder mit erhobenen Zeigefinger: »Nicht umarmen, sondern nur die Hand zum Kusse reichen!«

Es war kaum auszuhalten für die »Prinzessin Wildfang«

aus dem idyllischen Possenhofen. Sie war es nicht gewöhnt, in ein Protokoll gepresst zu werden wie in eine Zwangsjacke. Nachdem der Kaiserin im Audienzzimmer alle Botschafter und Gesandten vorgestellt worden waren, begab sich die schon völlig Erschöpfte mit ihrem Gemahl in den Zeremoniensaal, um ihre ersten Audienzen zu geben. Als Elisabeth aber sah, wie viele Menschen darauf warteten, von ihr eine Audienz zu bekommen, brach sie in Tränen aus und flüchtete sich in ein Nebenzimmer. Das war natürlich sehr peinlich und unangenehm. Die hochrangigen Gäste standen betreten und schweigend herum. Nach einer Weile kam das verweinte und schüchterne Mädchen wieder zum Vorschein und wusste nicht, welche Fragen sie stellen sollte. Die Obersthofmeisterin griff helfend ein und bat die vorgestellten Damen, doch bitte zuerst das Wort an die Kaiserin zu richten. Laut Protokoll war das nicht erlaubt: Immer musste die Kaiserin die Rede eröffnen. Alles in allem überstand die völlig Überforderte ihre ersten sogenannten »Cercles« mehr schlecht als recht. Anschließend gab es noch ein festliches Diner, das bis ungefähr elf Uhr abends dauerte. Sisi brachte vor Aufregung keinen Bissen hinunter, denn es war noch immer nicht alles überstanden. Das Allerschlimmste hatte sie noch vor sich: die Hochzeitsnacht. Sisi war sechzehn Jahre alt, nicht aufgeklärt und hatte eigentlich keine Ahnung, was ihr bevorstand.

Die Morgengabe

Bevorgestanden wäre der Braut laut meiner Nachbarin und laut spanischem Hofprotokoll der Vollzug der Ehe vor einem Teil der Hofgesellschaft. Nachdem Elisabeth aber noch keine Ahnung hatte, wie sich das genau abspielt mit den Blümchen und Bienchen und in Anbetracht ihres jugendlichen Alters entschieden sich Mutter und Schwiegermutter für eine kleinere Protokoll-Variante.

Die hat so ausgesehen, dass Sisi im Kreis von vierundzwanzig verheirateten Hofdamen von vier Zofen völlig entkleidet wurde. Anschließend lösten die Zofen Elisabeths Flechtfrisur auf, sodass ihre Haare fast bis zu den Fersen reichten. Anschließend wurde sie in ein durchsichtiges Seidennachthemd mit Seidenmorgenmantel gesteckt. Nach einem feierlichen Gebet machte sich die ganze Gesellschaft in einer Art Prozession durch die spalierstehende Hofgemeinschaft auf den Weg zum Schlafgemach. Vor der verschüchterten Elisabeth schritten feierlich zwölf Pagen mit Kerzenleuchtern. Sie selbst folgte mit einem einfachen Kerzenleuchter in der Hand, hinter ihr kamen die Mütter des Kaiserpaares, gefolgt von der Obersthofmeisterin und den vierundzwanzig Hofdamen. Solchermaßen pilgerte der Zug bis zur Türe des Schlafgemaches. Die Pagen blieben stehen, zwei Kammertürhüter öffneten die Flügeltüre und ließen Elisabeth, gefolgt von den Müttern, eintreten. Die Hofdamen blieben zurück. In einem Nebenraum wartete bereits der Kaiser mit einigen Prinzen, die eilig den Raum durch eine Hintertür verließen. Die Kaiserinmutter trat nun in den Nebenraum zu ihrem Sohn, wo beide warteten, bis Elisabeth von ihrer Mutter zu Bett gebracht und zugedeckt worden war. Anschließend brachte Erzherzogin Sophie ihren Sohn, den Kaiser, in voller Uniform, gestiefelt und gespornt mit Orden, Kopfbedeckung und Degen zu Bett und deckte ihn zu. Damit war der offiziellen Bettlegeszene Genüge getan. Die beiden Mütter wünschten ihren Kindern eine gute Nacht und zogen sich aus dem Schlafgemach zurück. Anschließend wurden die Türen geschlossen und das junge Paar konnte seine Hochzeitsnacht ungestört und in intimer Zweisamkeit verbringen.

Am nächsten Tag dann wusste jeder, dass in der ersten Nacht noch nichts passiert war. Es war nämlich schon ein ziemlich großes Kisterl mit 12 000 Golddukaten als Morgengabe gerichtet gewesen. Diese Morgengabe überreicht nach alter Tradition der Ehemann am Morgen nach der Hochzeitsnacht seiner Frau als Entschädigung für ihre verlorene Unschuld. Auf jeden Fall konnte das Kisterl am ersten Morgen nicht überreicht werden. Darüber war man gar nicht erfreut am Wiener Hof, denn die Ehe war somit noch nicht gültig. Am zweiten Tag kam es immer noch nicht zur Übergabe des bewussten Kisterls und man hat sich schon ziemliche Sorgen gemacht. Sisi wollte nicht zum Familienfrühstück erscheinen, doch die Schwiegermutter bestand darauf und stellte dem Paar so bohrende und ungenierte Fragen, dass es der armen Sisi die Schamesröte ins Gesicht trieb. Was war da los? Musste man sich nach einer anderen Braut umsehen?

Doch endlich, am dritten Morgen, konnte der Kaiser seiner jungen Frau beim großen Familienfrühstück ganz offiziell die Morgengabe überreichen. Die Schwiegermutter und auch Mutter Ludovika waren »aufs Äußerste erleichtert«! Erzherzogin Sophie hat ihrer Schwiegertochter anerkennend auf die Schulter geklopft und gemeint: »Das hast du gut gemacht! Gutes Mädchen! Weiter so!« Sisis Wangen haben rot geglüht vor Scham.

Immer wieder hat sie ihrer Friseuse Fanny beim Frisieren von diesem peinlichen Familienfrühstück erzählt und mir hat das Fräulein Amalie ebenfalls immer wieder davon erzählt. Aber erst einmal war das Schlimmste für Elisabeth überstanden.

Waldheimat

Der Tag der Hochzeit des Kaiserpaares wurde übrigens in ganz Österreich gefeiert. Vierzig Brautpaare, die am selben Tag heirateten, bekamen eine Ausstattung geschenkt, die doppelt so viel wert war wie das Jahreseinkommen eines Arbeiters. Arme wurden gespeist, Brennholz und Brot verteilt, bedürftige Kinder eingekleidet – und der Tag war ein Feiertag und arbeitsfrei. Ein Festtag also für Alt und Jung und Arm und Reich.

Ach ja, zu diesem Feiertag fällt mir etwas ein: An einem Mittwochnachmittag nämlich war das Fräulein Amalie ausgesprochen gut vorbereitet auf meinen Besuch. Auf ihrem Sekretär lag ein Buch von Peter Rosegger mit dem Titel »Waldheimat«. Ich war überrascht, weil der Titel des Buches gar nichts mit Kaiserin Elisabeth zu tun hatte, von der sie mittlerweile bei jedem meiner Besuche erzählte. Als ich den Kaffee eingeschenkt und wir schweigend unseren Apfelstrudel gegessen hatten, bat mich das Fräulein Amalie, ihr aus dem Buch vorzulesen. Ihre Augen spielten bei längeren Texten nicht mehr mit und meine seien ja noch jung und ausgeruht. Ich nahm also das Buch und schlug es auf. »Bitte auf der Seite 315 beginnen! Da erzählt der Rosegger so herrlich, wie er den Feiertag erlebt hat, als die Kaiserhochzeit war«, sagte sie und lehnte sich ein wenig in ihrem Stuhl zurück, um mir zuzuhören. Also hatte es doch etwas mit Elisabeth zu tun! Ich suchte die Seite 315 und fing zu lesen an:

Als der Kaiser die Kaiserin nahm

Das war am Tage des heiligen Ritters Georgi. Ein Montag war's – sonst für manche der unangenehmste Morgen der ganzen Woche. Der liebe Sonntag ist vorbei und hat nichts zurückgelassen, als einen leichten Geldbeutel und etwa einen schweren Kopf; und bevor stehen wieder sechs lange, alltägliche Gesellen, oft mager beim Tisch und herb bis in die Nacht hinein. Da seufzte zwar unser Knecht Markus allemal, wenn der Haushahn die Montagsfrühe krähte, aber schließlich brummte er: »Arbeiten ist auch kein Unglück!«, und sprang flink vom Bette auf. Und heute, als die Leute zum Frühstück zusammen kamen, sahen sie mit Verwunderung das schneeweiße Tischtuch mit den roten Querstreifen, welches so groß war, dass es an allen Seiten weit über den Tisch hinab hing, eine Erscheinung, die mich allemal an das Bild vom letzten Abendmahl Christi erinnerte. Und auf dem Tische lagen ringsum die beinernen Löffel, jeder seines Mannes oder Weibes harrend, dessen Ernährung er übernommen hatte. Diese Löffel waren von einem Bauer in Wenigzell aus Kuh- oder Ochsenhörnern verfertigt und wiesen je nach der gesprenkelten Farbe der Hörner die prächtigsten Zeichnungen. Mein Vater besaß deren ein Dutzend, hielt sie die meiste Zeit in seiner Truhe verwahrt und gab sie nur zu besonderen Anlässen und Festlichkeiten in Gebrauch. Endlich kam heute auf den Tisch auch noch die große Porzellanschüssel mit den gemalten roten Blumen; sie war voll gelblichweißer Milch, in welcher diesmal nicht das Mindeste von jenem unliebsamen bläulichen Ton bemerkbar war, über welchen der Knecht Markus einmal die Worte gesagt hatte: »Jesses Maria, heut' ist uns die Suppen ertrunken!«

Wir sahen ihn damals alle erschrocken an, wie er das meine? »Im Wasser ertrunken«, fuhr er fort, »seht's denn nicht, dass sie schon ganz blau angelaufen ist?«

Aber heute, als er in der Milch das erfreuliche, zarte Gelb sah, und wie jetzt noch schneeweißes Brot hineingeschnitten wurde, schmunzelte er, zerbrach sich aber den Kopf darüber, was denn in dieser Woche für eine hantige (schwere) Arbeit kommen müsse, dass sie mit solcher Kost anfange.

Nun die Leute beisammen waren, kam mein Vater in schneeweißen Hemdärmeln und hatte die Haare gekämmt und seine schöne rote Weste an.

»Jetzt setzt's euch zur Suppen«, sagte er, »und nachher mögt's euch anlegen gehen.«

Sie stutzten, sie waren ja schon angelegt (angezogen).

»Das bessere Gewand meine ich«, fuhr der Vater fort, »wir halten heut' einen Feiertag.«

Da hellten sich die Augen auf und die Magd lobte den Hausvater, dass er ein so großer Verehrer vom heiligen Georgi sei.

»Nicht deswegen«, antwortete der Vater, »der heilige Georgi ist wohl auch nicht zu verachten, aber für den ist gestern in der Kirche schon etwas getan worden. Heut' ist's wegen was anderem, heut' ist dem Kaiser seine Hochzeit.«

Das war eine helle Verwunderung und so fragte der Vater, ob sie denn nicht gehört hätten, wie es der Pfarrer von der Kanzel verkündet.

Ja, meinte der alte Knecht, gehört hätte er wohl so etwas vom Kaiser, aber er hätte gemeint, es gehöre nur zu der Predigt und hätte nicht weiter darauf geachtet.

»Tut's halt jetzt fleißig in die Kirchen gehen, Leutl, und beten. Wird schon ein Glück zu brauchen haben, wenn's auch der Kaiser ist.« So sagte mein Vater, und wir – ich bin dazumal das lose ins Leben guckende Bürschel gewesen – richteten uns zusammen zum Kirchgang.

Und als unsere Leute unterwegs waren und gleich auch die Morgensonne ganz anders golden war, als an einem ordinären Montag, da führten zwei Mägde unter sich folgendes Gespräch:

»Aber na«, sagte die eine, »jetzt heiratet der Kaiser auch! Der wird was eine Noble nehmen!«

»Das kannst dir denken«, sagte die andere, »eine Postmeisterische zum Niedrigsten, vielleicht gar eine Verwalterische.«

»Meinst!«

»So ein Herr, da!«

»Aber na – mei!«

»Ihr redet so viel närrisch daher«, bemerkte eine dritte, »der Kaiser wird 'leicht doch wohl eine Prinzessin nehmen.«

»Gibt's denn Prinzessinnen auch noch?«, fragte die erste

sehr überrascht, »jetzt hätt' ich vermeint, die wären nur so in den alten Geschichten drinnen. Na, nachher wohl.«

Hierauf sagte ein Knecht: »'s ist doch auch nicht, dass er eine Prinzessin nimmt. Hat's ja der Pfarrer verkündet, dass er eine Bäu'rische heiratet.«

»Eine Bäu'rische? Geh', Rüppel, da lugst (lügst) 'leicht doch.«

»Wenn der Pfarrer lugt, lug ich auch.«

»Ah na, der Pfarrer nit – das nit – der Pfarrer nit.«

»Ja, ja«, sagte ein anderer, »es ist richtig, ich hab's auch gehört, eine Bäu'rische nimmt er.«

Darüber kamen nun alle Mägde in eine zuckende Aufregung. Und der Ältesten wurde es zuerst klar: »Wenn er schon so ist und eine Bäu'rische mag, so hätt' er auch auf mich können verfallen! Gefehlt wollt' ihm bei mir nichts haben, ich bin nicht so, dass ich etwan grob wär'. Kochen kann ich auch was. Das Kaiserhaus hätt' ich ihm schon sauber her geputzt und alle Wochen hätt' mir der Fußboden müssen hinaus gewaschen werden, na, das hätt' ich nicht anders getan.«

Die Magd war nicht so dumm, dass sie das bloß dachte, sie war so dumm, dass sie es auch vor sich hinsagte. Da lachten die anderen Mädchen hell auf und riefen: »Die Kathel will Kaiserin sein!«

Der Haber-Michel-Anton – ein verabschiedeter Soldat, dem im Neunundvierzigerjahr eine piemontesische Kugel durch den linken Arm gefahren war – trat nun auf die Kathel zu und sagte: »Kathel, es ist zu spät, heut' hält er Hochzeit. Grimm' (gräme) dich nicht, kriegst den Kaiser nicht, so nimmst einen Kaiserlichen. Schaust meinen Kragen an, so wirst es sehen, dass ich Feldwebel bin. Leider Gottes habe ich den Abschied, bin aber erst einunddreißig Jahr alt und möcht' doch noch einmal einrücken. Kathel, pack' ihn z'samm', den Kaiserlichen!«

»Wenn du meinst, Anton, dass dich deine linke Hand nicht irrt?«

»Aber schon gar nicht, Kathel. Die Kugel ist heraußen, das

Loch ist verwachsen. Geh' du, es wär' gar nicht dumm, wenn wir uns heut' miteinander täten versprechen.«

Und die Kathel – gut kaiserlich war sie – –: »Geh' schau, dass du weiter kommst, kleiner Spatz! Da tröttelt er unsereiner alleweil hinten nach.« So grollte die Kathel, meinte aber nicht den durchschossenen Feldwebel, sondern mich, der hinter beiden einhergelaufen war und sich nur für den piemontesischen Kugelschuss interessiert hatte. So eilte ich nun zu den anderen, die immer noch darüber hin und her redeten, dass es kaum glaublich sei, wie der Kaiser eine Bäu'rische nehmen könne.

So kamen wir zur Kirche. Dort, wo das schöne Lindenbäumchen stand, welches jemand zur schuldigen Danksagung für die glücklich abgewendete Gefahr des 18. Februar 1853 pflanzen ließ, standen heute auch die fünf Musikanten, welche an hohen Festen mit Trompeten, Klarinetten, Geigen und Trommel zusammenwirkten, um dem lieben Gott oder einem seiner Heiligen ein Ständchen zu bringen. Als nun der Herr Pfarrer im Talare vom Pfarrhof den Kirchberg heranstieg, begann das klingende Spiel. Dem Pfarrer brachten sie's, dem Kaiser vermeinten sie's. Der war weit weg in der Wienerstadt, dem konnten sie persönlich die Ehre nicht antun, seiner Braut auch nicht, so bereiteten sie dieselbe dem Fürnehmsten der Gemeinde.

Der Pfarrer jedoch sah sich im Volke um und entdeckte den achtzigjährigen Höfelbauer mit seinem Weibe, beide tief gebeugt am Stock und weiß an Haaren und halb taub. Vor mehreren Jahren schon hätten sie die goldene Hochzeit halten können; die Jahre waren dazu da, aber das Gold nicht, um ein Fest zu machen, und so lebten die Leutchen still über den Gedächtnistag hinaus. Dieses greise Paar nahm nun der Pfarrer in seine Arme, so, dass sie zur Rechten und er zur Linken war und stellte sich mitten auf dem Kirchplatze auf. Als die Musikanten ihr erstes Stück zu Ende gespielt hatten, nahm der Priester das Wort und sprach folgendes:

»Es ist recht erfreulich, liebe Pfarrkinder, dass ihr so zahlreich erschienen seid, um den heutigen Tag zu ehren und Gott zu bitten, dass er unserm allergnädigsten Kaiser Franz Joseph, der sich heute mit Elisabeth, der schönen und tugendreichen Prinzessin aus dem erlauchten bayerischen Hause, vermählt, ein langes Leben, Glück und Segen für das durchlauchtigste Kaiserhaus und für unser geliebtes Österreich bescheren möge. Wolle Gott unserem geliebten jungen Kaiser, der ritterlich ist wie der heilige Georg, dessen Gedächtnis die Kirche heute begeht, die Kraft und Gnade verleihen, den Drachen zu besiegen, der in dieser bewegten Zeit Reich und Thron noch immer bedroht! – Weil es aber nach dem Willen Gottes ist, dass seine Ehre wieder den Menschen zugute komme und weil es nach dem Wunsche unseres gnädigsten Kaisers ist, dass die heutige Festfreude auch den Ärmsten des Reiches zuteil werde, so habe ich hier unsere guten, alten Höfelbauerleute aufgefunden und lade euch ein, mit mir zuerst in der Kirche und dann im Wirtshause bei einem frohen Glas Wein, schlicht, wie es ohne alle Vorbereitung nur sein kann, dieses betagten Paares goldenes Ehegedächtnis zu begehen. Und das ist halt wie ein Gebitt an den lieben Gott, es möchten auch der Kaiser und die Kaiserin den goldenen Hochzeitstag erleben!«

So sprach er, und da drängten die Leute auf ihn ein und riefen: »Das ist brav, Herr Pfarrer, das ist brav! – Wir sind alle dabei!«

Die alten halbtauben Höfelbauerleute hatten wohl ihre Ohren gespitzt und dem Herrn Pfarrer stockscharf auf den Mund geschaut, was er denn da zwischen ihnen heute für eine schöne Predigt halte – aber sie konnten es doch nicht recht loskriegen, um was es sich eigentlich handle. Fragend blickten sie umher, bis ihnen einer recht ins Ohr schrie: »Eure goldene Hochzeit ist heut'!«

»Jesses und Josef!«, ächzte das Weib erschrocken auf und sah nach allen Seiten auf ihr Gewand hinab, das freilich nicht gerade hochzeitlich war.

Nun tat auch der Höfelbauer den Mund auf – ach, der arme Alte hatte sich an der harten Nuss eines achtzigjährigen Lebens alle Zähne ausgebissen – und fragte mit seiner heiseren

Stimme: »Eine goldene Hochzeit ist heut'? Ei, so wohl! Und wenn man fragen darf: wer denn?«

»Unsere ist, du alter Lapp!«, schmetterte ihm das Weib freudvoll unters runzelige Kinn hinein.

Da fiel schon wieder die Musik ein, und mit den Klängen des »Kaiserliedes« zogen wir in die Kirche. Die zwei alten Leute kamen auf die Ehrenbank vor dem Altar; der Mann sah immer noch höchst verwundert drein, das Weib presste ihre Schürze ins Gesicht und schluchzte.

Der Gottesdienst war recht feierlich, selbst die Buben hinterseits des Chores, wo die Glockenstricke hingen, ließen heute ihr heimlich Kartenspiel, zogen aber um so heftiger an den Stricken, damit das Geläute recht hell und weit hinausklinge in die Berge und Wälder, wo der junge Frühling aufstand.

Ich hockte unter dem Seitenaltar des heiligen Michael und befliss mich der Andacht. Ich hatte drei Bitten: Erstens für das junge Kaiserpaar, zweitens für die alten Höfelbauerleute und drittens für mich selber. Mein Anliegen war, ob mich der Knecht Markus wohl ins Wirtshaus mitnehmen werde. Ein kleiner Bub, der kein Geld hat und sich auch noch keinen Kredit zu machen weiß, kann nur unter dem Horte eines Erwachsenen zu den gesegneten Tischen gelangen. Nun hatte ich aber wohl die Erfahrung gemacht, dass der Markus der Ansicht war, kleine Buben gehörten nicht ins Wirtshaus. Doch heute schien auf mein Gebet Gott den alten Knecht wunderbar erleuchtet zu haben, denn als wir aus der Kirche gingen und mir der braune Brustfleck zitterte vor dem Moment, da der Markus sagen werde: So, du gehst jetzt heim, Bub! Aber dass du mir unterwegs keine Allotria treibst! – nahm er mich am Arm und sagte: »Darfst heut' ein Glasel Wein mit mir trinken, Peter!«

So gingen wir alle miteinander ins Wirtshaus. Ich kam just neben einem sehr angesehenen Mann zu sitzen, dem Schneider Natz, der nachmals mein Lehrmeister geworden ist. Der nahm plötzlich eine Semmel aus dem Korb, brach sie mitten auseinander, legte die eine Hälfte zu seinem Glase, die andere

Hälfte vor mich hin und sagte: »Die gehört dein, Bub, dass du auch was zu beißen hast.«

Wir kannten uns nicht weiter und er hatte gewiss keine Ahnung, dass er mit dem Jungen, mit dem er jetzt die Semmel teilte, dereinst ein Stück Leben zu teilen haben würde. In mir ist aber an jenem Tage das erstemal der Gedanke erwacht: Ich möcht' auch so ein braver Schneider werden.

Die alten Höfelbauernleut' saßen beim vordersten Tisch; sie verzehrten umständlich, doch mit stillem Behagen den vorgesetzten Braten, sie nippten vom Wein, das Weib tat Zucker ins Glas und tauchte die Semmel ein und nun begann ihre Glückseligkeit, an welcher wir alle uns freuten. Bald wurde Gesundheit getrunken und der Haber-Michel-Anton stand auf – dem saß die Kathel richtig schon bei – pochte mit dem Glase auf den Tisch und brachte einen Trinkspruch aus auf das kaiserliche Brautpaar in der Wienerstadt.

»Ich wünsch' Glück!«, sagte er, »das Heiraten ist freilich leicht, wenn der Bräutigam so mannbar ist und die Braut so schön. Das Beieinanderleben ist auch leicht, wo sich zwei so gern haben. Aber halt das Länderregieren! Gleich auf einmal neununddreißig Millionen Leut' in Ordnung zu halten, wenn Krieg ist und wenn Sturm ist und die Leut' auf sind und selber nicht wissen, was sie wollen! Da gehört ein Kopf dazu! Unsere Hausteinerpfarr' hat vierhundertsechzehn Seelen, und was das schon immer einmal ein Kreuz ist! Nicht wahr, Herr Pfarrer? Na, ich sag's ja. Und erst so ein unsinniger Leuthaufen, wo die einen ungarisch sind, die anderen böhmisch, slowakisch, wällisch, deutsch, polnisch – was weiß ich! Aber wenn's einer imstand ist, so sag' ich: Unser Kaiser Franz Joseph hält's auf gleich! Denn warum: sie haben ihn alle gern. Drum heb' ich mein Glasel Wein zu Gott dem Herrn: Der Kaiser soll leben und die Kaiserin daneben!«

Nach diesem Spruch war das beim Wirt und der Kellnerin ein Rennen und Laufen, denn alle Gläser waren auf einmal leer geworden. Und die Kathel, wie sie stolz war darauf, dass ihr Beisitzer so fürnehm reden konnte, und so gesetzt und so gescheit! Ja, wer einmal bei den Kaiserlichen gewesen, gleich ganz was anderes ist's!

Wie alt er denn täte sein, der Bräutigam z' Wien?

»Nicht ganz vierundzwanzig Jahr.«

»Just recht. Und die Braut?«

»Ist siebzehn.«

»Schau du! Schon gar blutjung. Na, ist auch recht, älter wird der Mensch.«

Und jetzt kam man auch auf das Missverständnis, dass sie keine Bäu'rische, sondern eine Bayerische sei, und da wurde rechtschaffen gelacht.

»Es ist viel«, meinte ein Bauer, »dass ein so junger Herr schon das Haus Österreich regiert.«

»Vor sechs Jahren ist er noch jünger gewesen«, berichtete der Anton, »und der Kaiser ist gar über die Revolution Herr geworden.«

»Ja, das hat man gehört.«

»Ich nicht, wenn ich ein achtzehnjährig Bürschel bin, ich nicht«, sagte ein anderer und tat stolz darüber, dass er hier auch mitreden konnte.

»Aber einer muss doch sein, der sich traut. Wenn der Kaiser Ferdinand auf einmal hergeht und sagt: ich mag nimmer regieren, das Volk ist mir zu bockbeinig. Soll's ein Jüngerer probieren. Was wirst denn machen? Einen Bruder hat der Ferdinand, der ist nicht viel jünger als er selber, der macht einen Deuter mit der Hand und sagt: Mich lasst's aus, ich bin nicht für das und will mein' Fried' haben. – Hat auch recht gehabt, der alte Herr, ich hätt' ihnen's g'rad so gesagt. Das Kaisersein wäre schon recht, aber das Länderregieren ist eine verkieselte Sach'! Ich nicht, ich; lieber den ganzen Tag holzhacken im Wald.«

»Das sag' ich auch.«

»Nun, und so hat der Erzherzog – vom Kaiser Ferdinand der Bruder – gesagt: Wenn mein Sohn, der Franzel, will, der ist jung und stark, die Leut' haben ihn auch gern, so soll er's im Gottesnamen probieren. Der Franzel aber hat ihm zur Antwort gegeben: Herr Vater, ums Kaisersein ist mir gar nichts, aber wenn ich's übernehme, so tue ich's, weil einer sein muss, der sich die Sach' angelegen sein lässt und ihr vor sein kann. Die Österreicher sind im Grund brave Leut', ich komme mit ihnen schon wieder auf gleich. Ich fahr' überall herum und mach' gute Gemeinschaft mit jedem Land extra, und frage die Leut', was sie für Gesetze haben wollen, und dieselbigen mach' ich ihnen nachher. Ich bin nicht der Mensch – hat er gesagt – der sich auf was kapriziert; wie es dem mehreren Teil recht ist, so soll's sein. – Hat darauf sein Vetter, der gute Kaiser Ferdinand, gesagt: Franzel, das gefallt mir von dir, du bist der Rechte. Auf das, ob du als Regent selber glücklich sein wirst, darfst nicht schauen, aber 's Land mach' glücklich. – Ausgeredet ist's gewesen und Österreich ist gleich ganz verliebt worden in seinen braven blutjungen Kaiser.« So redeten sie und der alte Höfelbauer legte die hohlen Hände an die Ohren, dass er den Schall der Worte hineinleite, und murmelte dann traurig: »Dass ich aber schon gar nichts versteh'!«

Der Pfarrer teilte ihm's mit, und da nickte der Alte gar befriedigt mit seinem weißen Haupt und dann sagte er: »Na das! So hätten wir schon seit sechs Jahren einen neuen Herrn? Nicht ein bissel was hab' ich davon gehört; halt dasselbig' ist mir letzt' Zeit her wohl vorgekommen, dass alles einen anderen Lauf hat. Hab' ich's nicht immer einmal gesagt, Alte, ich weiß nicht, was das ist, dass jetzt die Welt ganz anders kugelt, als voreh!«

»Freilich, freilich, Alter, wie sie voreh ist kugelt, da sind wir alleweil untenauf gewesen. Jetzt heben wir uns bissel in die Höh'!«

Für die Weiber war das kein Gespräch; die wollten lieber von der »Frau Kaiserin« was wissen, wann und wie die zwei so nahend wären bekannt worden, dass es zur Heirat geführt hätte.

»Wie werden sie denn auch sein bekannt worden?«, belehrte der Toni, »hat halt gehört sagen von der schönen Prinzessin im Bayernland. Darauf hat er sich als Rittersmann verkleidet und ist hingereist und hat sie gefragt, ob sie ihn nehmen wollt'.

Sie schaut ihn an und gibt zur Antwort: Tu' der Herr halt mit meinen Eltern reden. Die Eltern – versteht sich – die haben ihm gleich zu verstehen geben, die Prinzessin dürfte wohl doch nicht recht passen für so einen einfachen Rittersmann, und er solle ihnen nichts für ungut halten. Darauf hat er geantwortet: wenn sie schon für den einfachen Rittersmann nicht passt, leicht passt sie für den Kaiser von Österreich. Könnt euch wohl denken, dass jetzt keine Dreinred' mehr gewesen ist; aber die Prinzessin hat gesagt: ich heirate ja nicht den Kaiser von Österreich, ich heirate meinen Franzel.«

»Schau, das ist brav!«, sagten die Bauern und bissen fest in ihre Pfeifenrohrspitzen. Und die Weiber waren über die Geschichte schier glückselig, und die Kathel gestand sich's nun auch, ihr sei eigentlich nicht so sehr um den Kaiserlichen zu tun, als um den Anton. Die Kaiserhochzeit wäre nach Bauernart noch des weiteren erörtert worden, hätten die Musikanten den Dingen nicht einen anderen Lauf gegeben. Dieser andere Lauf ging in der Stube rund im Kreis herum. Das alte Paar selbst musste ein Ehrentänzchen reigen. –

Die Wirtshausfreuden haben dazumal sicherlich bis tief in die Nacht hinein gedauert. Bei mir waren sie am Nachmittage, als der Kirchturmschatten das Wirtshaus strich, zu Ende.

Der Markus stand auf, langte mir das Filzhütlein von der Wand, sagte noch: »Trink' aus dein Neigel.« Ich tat's, wandte mich noch zum Meister Natz und sagte kleinlaut: »Ich bedank' mich nochmals für die halbe Semmel.« Dann gingen wir heimwärts.

Zu jener Abendstunde, als in der Hofburgkirche zu Wien im Feststrahle von tausend Kerzen und des milden Abendrotes unser Kaiser mit seiner Erwählten getraut worden war, gingen wir durch den stillen lenzenden Wald! Und das Gefühl des Friedens und der Liebe, welches in jener Stunde mein war, weht stets noch durch mein Herz, sooft ich des Tages gedenke, an welchem der Kaiser die Kaiserin nahm.

Frisch verheiratet

Die erste Zeit am Wiener Hof war für Sisi sehr schwer. Es wurde von ihr erwartet, von nun an jede Sekunde ihres Lebens Kaiserin zu sein und keine vertraulichen Beziehungen zu ihren Bediensteten zu pflegen. Sisi durfte sich nicht mehr alleine waschen, nicht mehr alleine anziehen oder gar selbst ein Fenster öffnen. Nicht einmal von einem Raum in den andern zu gehen, war ihr alleine gestattet. Je nach Strecke, die sie zurücklegte, musste sie von einer protokollarisch festgelegten Anzahl von Personen begleitet werden. Das neue Leben Elisabeths war so abgehoben von einem durchschnittlichen, dass Fräulein Amalie immer lachen musste, wenn sie an die Geschichte von Peter Rosegger dachte, in der sich die Magd vorstellt, als Frau des Kaisers das Schloss ordentlich zu putzen und für ihren Gatten zu kochen. Das Leben einer Kaiserin jedoch war unvorstellbar kompliziert und mit dem Alltag normaler Menschen nicht zu vergleichen.

Nicht einmal die Flitterwochen in Schloss Laxenburg, ein wenig außerhalb von Wien, waren richtige Flitterwochen, wie man sich das im herkömmlichen Sinne vorstellen würde. Nachdem die politische Lage damals recht angespannt war, hatte der Kaiser sehr wenig Zeit für seine junge Braut. Er musste regieren! Dafür machte er sich schon frühmorgens mit der Kutsche auf in die Wiener Hofburg und kam erst zum Abendessen wieder. Wenn die junge Kaiserin nicht präsentieren musste oder Empfänge absolvieren, dann saß sie mit ihren sechzehn Jahren alleine in dem prächtigen Schloss und fühlte sich sehr einsam – wie ein Vogel im goldenen Käfig: »Ich bin erwacht in einem Kerker, und Fesseln sind an meiner Hand«, schrieb sie schon zwei Wochen nach ihrer Hochzeit verzweifelt in einem ihrer Gedichte. Jeden Tag kam ihre Schwiegermutter auf Besuch und hielt ihr Vorträge über das

Leben am Wiener Hof. Man kann sich wahrlich etwas Schöneres vorstellen, als seine Flitterwochen mit der Schwiegermutter zu verbringen! Sisi musste sich erst an ihren Hofstaat und die vielen Bediensteten gewöhnen, an das weibliche Personal, die Obersthofmeisterin, die Hofdamen, Kammerfrauen, Kammerdienerinnen, Kammermädchen und Kammerweiber. Noch gewöhnungsbedürftiger war das männliche Personal: Obersthofmeister, Sekretär, Kammerdiener, Kammertürhüter, Leiblakaien und Hausdiener. Diese Menschen waren einzig und allein für Elisabeth zuständig, denn der Kaiser hatte einen eigenen Hofstaat und seinen persönlichen Haushalt, der noch größer als Sisis war. Gegen ihre Obersthofmeisterin, Gräfin Sophie Esterházy, hegte Sisi eine »herzliche Abneigung«, wie es meine Nachbarin ausdrückte. Die Gräfin war von Sisis Schwiegermutter eigens ausgesucht worden, um der blutjungen Kaiserin »den letzten Schliff in ihrer Erziehung« zu geben. Sophie Esterházy war bereits sechsundfünfzig Jahre alt, also beträchtlich älter als ihre Herrin. Sie benahm sich, als wäre sie Elisabeths strenge Gouvernante und erstattete der Kaiserinmutter regelmäßig Bericht über das Benehmen ihres Zöglings. Der fiel meistens ziemlich schlecht aus. Jeden Abend bekam die junge Kaiserin von der Gräfin das »Generalprotokoll des Hofes« vorgelegt, das gespickt war mit »respektvollen Hinweisen für Eure Majestät, die Kaiserin«.

Fräulein Amalie konnte die Stimmen von Erzherzogin Sophie und Gräfin Esterházy überzeugend nachmachen, wenn sie das eingeschüchterte Mädchen tadelten: »Du hättest mit der Herzogin von Sowieso viel länger reden müssen! ... Mit dem Grafen Von und Zu war das Gespräch etwas zu freundlich! ... Nicht zu schnell hinsetzen! ... Langsamer gehen beim Präsentieren! ... Würdevoll winken! ... Den Kopf immer in diesem Winkel neigen! ... Der Fächer darf keinen Sturm erzeugen! ...«

Irgendetwas zu beanstanden fanden die beiden Damen immer. »Das war wirklich schwer für ein sechzehnjähriges Mädchen!«, seufzte Fräulein Amalie. Noch viele Jahre später, als Sisi einmal nach Laxenburg kam und im Eckzimmer ihren Schreibtisch stehen sah, blickte sie ihn nachdenklich an und erzählte ihrer Hofdame, Gräfin Marie Festetics:

»Hier habe ich viel geweint, Marie! Wenn ich nur zurückdenke an diese Zeit, wird mir das Herz schwer. Hier war ich nach meiner Eheschließung. Ach Sie können sich nicht einmal denken, was für ein Leben ich lebte! Ich fühlte mich so verlassen, so einsam. Freilich konnte der Kaiser tagsüber nicht hier sein, jeden Tag fuhr Er früh nach Wien, zum Essen kam Er um 6 Uhr abends zurück. Ich war den ganzen Tag allein und hatte Angst vor dem Moment, wenn Erzherzogin Sophie kam, weil sie jeden Tag, zu jeder Stunde kam, um zu schauen, was ich mache. Ich war ganz preisgegeben dieser wahrhaft bösen Frau. Alles war schlecht, was ich tat. Sie äußerte sich über jeden, der mir lieb war, abfällig. Sie bekam alles heraus, weil sie mir immer nachspionirte, und das ganze Haus hatte so eine Angst vor ihr, dass jeder zitterte. Und freilich erzählten sie ihr alles, und sogar aus der winzigsten Sache wurde eine Staatsaffäre.«[5]

Sisi hatte aber doch auch einiges von der Starrköpfigkeit ihres bayerischen Vaters geerbt. Sie begann, sich gegen ihre Schwiegermutter zur Wehr zu setzen. Die konnte diese Bockigkeit gar nicht verstehen, weil sie es doch nur »gut mit ihr meinte«. Wahrscheinlich stimmt das sogar. Erzherzogin Sophie hat sich mit großer Hingabe um alle Belange ihrer Schwiegertochter gekümmert. Sie hat die Villa in Bad Ischl in der Form eines E für Elisabeth umbauen lassen, sie hat die Räumlichkeiten des zukünftigen jungen Kaiserpaares mit ganz besonderer Sorgfalt und Liebe zum Detail einrichten lassen und sogar die Kleider ausgesucht, die Elisabeth bei offiziellen Anlässen tragen musste. Vielleicht war die Kaiserinmutter etwas zu fürsorglich. Ihre Söhne hätten es niemals gewagt, diese Fürsorge abzulehnen. Elisabeth schon. Am Anfang sind es nur kaum bemerkbare Kleinigkeiten gewesen: Bei einem sehr feierlichen Diner zum Beispiel zieht Sisi ihre Handschuhe aus, um das Essbesteck bequemer halten zu können. Als die Erzherzogin Sophie das bemerkt, schickt sie sofort eine

Ehrendame zur Schwiegertochter, die jener ins Ohr flüstert: »Majestät dürfen das nicht tun.« Sisi schaut im ersten Moment ganz erschrocken drein und fragt: »Warum denn nicht?« Die Ehrendame antwortet: »Die Kaiserin von Österreich darf nur mit Handschuhen speisen, so verlangt es die Regel.« Ohne auch nur einen Augenblick zu zögern, antwortet Elisabeth: »Von nun an wird dies die Regel sein!« Selbstbewusst warf sie ihrer Schwiegermutter einen giftigen Blick zu und zog die Handschuhe nicht wieder an.

Immer wieder versucht Elisabeth, sich gegen ihr unsinnig erscheinende Vorschriften zu wehren. Fräulein Amalie weiß noch ein Beispiel: Aus der bayerischen Heimat ist Elisabeth gewöhnt, zum Mittagessen ein Glas Bier zu trinken. Doch das Protokoll will es anders, denn die Kaiserin von Österreich darf kein Bier trinken. Die Etikette schreibt ausdrücklich Wein vor. Auch hier setzt Elisabeth ihren Willen durch und bleibt beim Bier. Fräulein Amalie hatte das Gefühl, dass sich Sisi und Erzherzogin Sophie gar nicht so unähnlich waren. Beide waren sehr starke Frauen. Und beide wollten, was den Ehemann oder den Sohn betraf, das Sagen haben. Und der Kaiser? Der liebte beide auf seine Art und Weise und wollte es beiden recht machen!

Besonders schlimm hat Sisi die Bevormundung durch die Schwiegermutter empfunden, als sie wenige Wochen nach der Hochzeit schwanger geworden war. Alles, was ihr Spaß machte, war verboten. Sie durfte natürlich nicht mehr reiten, aber auch sonst nicht mehr mit Tieren umgehen. Das fiel ihr unheimlich schwer, denn wenn sie traurig war oder Heimweh hatte, waren die Tiere ihr ein großer Trost und brachten sie wieder auf andere Gedanken. Vor allem aber sollte Elisabeth auf keinen Fall mit ihrem Papagei spielen, denn sie könnte sich »verschauen« und ihr Baby würde dann einem Papagei ähnlich sehen. Und das wolle ja schließlich keiner, nicht einmal die aufmüpfige Schwiegertochter.

Erzherzogin Sophie machte außerdem den Garten für die Öffentlichkeit zugänglich, damit jeder sehen konnte, dass Nachwuchs im kaiserlichen Hause erwartet wurde. Über diese erste Schwangerschaft hat Sisi Jahre später beim Frisieren oft gesprochen. Die Hofdame Marie Festetics hat aufgeschrieben, was Elisabeth ihr über diese Zeit erzählt hat: »Solange ein Theil des Gartens abgeschlossen war, ging ich oft dahin, aber plötzlich gab es ihn, den abgeschlossenen Garten, nicht mehr. Das Publikum konnte durch die Fenster hineinschauen. Freilich ging ich dann nicht mehr hinunter. Zuerst hatte ich genug von dem Herausputzen und (...) dann belästigte es mich, dass jeder so schaute, weil ich in anderen Umständen war.« Und über ihre Schwiegermutter sagte sie: »Kaum kam sie an, schleppte sie mich nach unten und erklärte, es sei meine Pflicht, meinen Bauch zu produciren, damit das Volk sieht, dass es wahr ist, dass es wahr ist. Es war grauenhaft!«[6]

Die Geburt war eigentlich für Wiener Verhältnisse recht »familiär« gestaltet, wusste das Fräulein Amalie bei einem meiner Kaffeebesuche zu berichten. Anwesend waren die Erzherzogin Sophie und ihr Sohn, Kaiser Franz Joseph. Das war vom Protokoll so vorgeschrieben. Die Entbindung haben zwei Frauen betreut: eine Hebamme und eine Kammerfrau. Aber das Sagen hatte die Schwiegermutter. Beim Geburtsvorgang selber war sie die uneingeschränkte Herrin der Situation. Als die werdende Großmutter merkte, dass nun das Kind bald kommen würde, ging sie zum Bett und hielt den Kopf der Schwiegertochter. Der Hebamme gab sie den Befehl, Sisi von hinten zu stützen. Die Kammerfrau sollte die Knie der Kaiserin halten und das Kind in Empfang nehmen. Kaiser Franz Joseph stand ratlos herum, schaute immer wieder ängstlich zu seiner Mutter und versuchte, aus ihrem Gesicht abzulesen, ob die Niederkunft zu ihrer Zufriedenheit ablief. Und in der Tat war Erzherzogin Sophie mit der Geburt des Mädchens und auch mit dem Verhalten von Elisabeth während der Entbindung sehr zufrieden. Sisi zeigte sich selbst in den schlimmsten Wehen von »ehrerbietiger, respektvoller Zärtlichkeit«[7] für Franz Joseph, dem sie immerfort die Hand küsste. Das hat Sophie später geschrieben und genau das war es, sagte Fräulein Amalie, was die Erzherzogin von ihrer Schwiegertochter erwartete: »Jede Sekunde ihres Lebens Kaiserin und liebevolle Gattin zu sein!«

Wie sehr Erzherzogin Sophie die ganze Familie im Griff hatte, sieht man schon daran, dass sie alle Entscheidungen für das Neugeborene im Alleingang gefällt hat: Sie bestimmte den Namen des Mädchens; es sollte nach ihr selbst Sophie genannt werden. Sie bestimmte die Kinderfrau und das Kinderzimmer und eigentlich alles, was die Belange des Enkelkindes anging.

Sisi war erst siebzehn Jahre alt und unerfahren. Sie fügte sich den Anweisungen ihrer Schwiegermutter. Das zweite Kind, wieder ein Mädchen, kam bereits ein Jahr später. Es wurde Gisela genannt und wieder kümmerte sich die Großmutter um alles. Die Enttäuschung darüber, dass kein männlicher Thronerbe geboren worden war, konnte kaum jemand verbergen. Als zehn Monate später die ältere Tochter Sophie auf einer Reise durch Ungarn starb, war die ganze Familie untröstlich. Sisi konnte den Verlust des Kindes kaum verwinden.

Im Alter von zwanzig Jahren brachte Elisabeth dann endlich den ersehnten Thronfolger, Kronprinz Rudolf, zur Welt. Die Geburt war sehr schwer gewesen und Sisi erholte sich nur sehr langsam. Trotz Milchdrüsenentzündung und Fieber durfte Sisi ihr Kind nicht stillen. Wieder stand ihr das Protokoll im Weg: »Eine Kaiserin stillt ihr Kind niemals selbst.«

Elisabeth konnte sich nie wirklich anfreunden mit dem zeremoniellen Leben am Wiener Hof. Und der Wiener Hof konnte sich nicht für Elisabeth erwärmen. Sie galt lange als die ärmliche bayerische Verwandte mit provinziellen Umgangsformen.

Über ihre Mutter Ludovika erzählte man sich, dass sie ständig Hunde mit sich herumtrug, die sie sogar beim Essen auf dem Schoss behielt, und bei Tisch auf dem Teller Flöhe knackte. Die Teller wurden aber wenigstens nachher gleich ausgewechselt.

Unter der Hand kursierten viele Anekdoten über missglückte Auftritte und Audienzen der Kaiserin. Sisi hatte ihr

Verhalten bei den sogenannten »Cercles« schon sehr gebessert und lief nicht mehr heulend davon, doch gehörte die ungezwungene Konversation bei offiziellen Anlässen nicht zu ihren Stärken. Nachdem Erzherzogin Sophie ihr schon während der Verlobungszeit den Rat gegeben hatte, ihre Zähne besser zu putzen, versuchte Sisi bei öffentlichen Auftritten, ihren Mund geschlossen zu halten, damit keiner ihre nicht so schönen Zähne sehen konnte. Lächeln mit geschlossenem Mund ging ja ganz gut und sah auch recht hübsch aus. Nur das Reden gestaltete sich schwierig. Elisabeth hatte sich deshalb eine leise, nuschelnde Sprache angewöhnt, was es sehr schwierig machte, vernünftig mit ihr zu »konversieren«. Bei einem feierlichen Anlass wurde der Kaiserin ein hochdekorierter, schwerhöriger Mann vorgestellt. Elisabeth hatte ihm dem Protokoll entsprechend zwei Fragen zu stellen, was sie auch tapfer machte. Die erste Frage lautete: »Ist er verheiratet?« Die Frage war allerdings so undeutlich geflüstert, dass der Schwerhörige kein Wort verstehen konnte. Laut Protokoll durfte er aber auch nicht nachfragen: »Wie bitte? Könnten Ihre Majestät etwas lauter sprechen?«, so etwas durfte man in dieser feierlichen Situation auf keinen Fall sagen! Dem Armen blieb also nichts anderes übrig, als so unverfänglich wie möglich zu antworten. Also sagte er: »Von Zeit zu Zeit!« Das war natürlich nicht die optimale Antwort. Die Umstehenden durften nicht laut lachen und bissen sich halb die Zunge ab, um das zu verhindern. Sisi stellte ungerührt die zweite Frage: »Hat er Kinder?« Wieder verstand der Mann kein Wort und antwortete: »Manchmal!«

Pauline Metternich war eine der Fürstinnen am Wiener Hof, die sich besonders über die schlechte Wahl Kaiser Franz Josephs aufregten. Sie war die unerbittlichste Kritikerin Elisabeths und wegen ihrer streitsüchtigen Art weitum gefürchtet. Als Enkelin des Staatskanzlers hat sie natürlich eine ihrer Stellung gebührende Erziehung erhalten, die sehr ganzheitlich ausgerichtet war und sich nicht nur auf die Anhäufung von Wissensstoff konzentrierte. Sie lernte, dass eine Dame der

Gesellschaft danach beurteilt wird, wie viel Anmut und Geist sie besitzt. Dementsprechend gehörte Gehen, Schreiten, Grüßen, Empfangen und die »Pflege der Sprache« schon von Kindesbeinen an zu ihrer Erziehung. Für Elisabeths unorthodoxes Benehmen konnte sie kein Verständnis aufbringen. Pauline selbst war mit ihrem schlagfertigen Mundwerk eine Meisterin der Konversation. Das mussten sogar ihre Gegner neidlos anerkennen. Bei einer Gelegenheit allerdings ging die Metternich zu weit. Sie hat sich lauthals darüber beschwert, dass es am Wiener Hof offenbar nicht mehr notwendig erscheine, diese Kunst zu beherrschen: »(…) denn früher gab es viele, die unvergleichlich gut plaudern konnten – ich denke nur an Erzherzogin Sophie! Das hat sich ja leider gründlich geändert.«[8]

Diesen Ausspruch hat die empfindliche Elisabeth der »Stechmücke«, wie sie Pauline Metternich nannte, nie verziehen. Und das Fräulein Amalie auch nicht.

Im Gegensatz zu ihrer Stellung am Wiener Hof war Sisi in der nichtadeligen Bevölkerung sehr beliebt. Es fiel ihr viel leichter, sich mit Leuten außerhalb des Protokolls zu unterhalten. Sie war in dieser Hinsicht völlig anders erzogen als die Hofdamen und fand nichts dabei, der Einladung eines Bauern auf ein Glas Milch zu folgen. Im Gegensatz zu anderen Frauen ihres Ranges kannte sie die ärmlichen Verhältnisse der Menschen. Manchmal lud sie Kinder in den Park zum spielen ein und gab ihnen Milch und Schokolade. Die Hofdamen und auch die Erzherzogin waren schockiert über dieses unkomplizierte Verhalten der Kaiserin, das sich überhaupt nicht schickte für eine Frau so hohen Ranges. Die einfachen Leute mochten Elisabeth gerade deswegen. Wer sie zu Gesicht bekommen hatte, erzählte von ihrer bezaubernden Schönheit und Ausstrahlung. Die Menschen jubelten ihr zu, wo immer sie erschien.

Es war sogar so, dass zum ersten Mal in der Geschichte ein richtiger Hype einsetzte, der sich sehr gut mit dem Begeisterungssturm für die englische Prinzessin Diana hundertzwanzig Jahre später vergleichen lässt. Noch niemals zuvor hatte sich das Volk aus freien Stücken für eine hochgestellte Persönlichkeit interessiert. Bei offiziellen Auftritten des Kaiserhauses wurden mit einer gewissen Neugier das prachtvolle Auftreten und die Inszenierung betrachtet. Aber der Jubel war eher pflichtbewusst auf die Funktion des Herrschenden gerichtet und nicht persönlich gemeint.

Bei Elisabeth war das anders. Wenn sie im Prater ausritt, liefen die Menschen zusammen, nur um einen Blick auf die schöne Kaiserin zu erhaschen. Einmal, als Sisi im Stephansdom zur Beichte wollte, waren plötzlich so viele Menschen um sie versammelt, als sie aus ihrer Kutsche ausgestiegen war, dass die Erschrockene fast erdrückt wurde. Weinend musste sie sich in die Sakristei flüchten. Schaulustige sperrten sogar die Straße ab, damit die kaiserliche Kutsche stehen bleiben musste und sie wenigstens einen Blick auf die Schöne werfen konnten. Erzherzogin Sophie war über diese Berichte ganz erstaunt. Dass die Kaiserin eine solche Anziehungskraft auf das Volk ausübte, war für sie unvorstellbar.

Auch ausländische Diplomaten schwärmten schon zwei Jahre nach der Hochzeit von der außerordentlichen Erscheinung der jungen Kaiserin. Der österreichische Polizeiminister Kempen hat erstaunt in sein Tagebuch geschrieben, dass die Schönheit der Kaiserin Elisabeth viele Personen an den Hof ziehe, die sonst ausgeblieben wären. Nur die hohe Wiener Gesellschaft wollte nichts davon wissen. Die Hochwohlgeborenen meckerten über Sisis Aussehen und Benehmen und wählten sogar ihre Schwägerin Charlotte zur schönsten Frau am Hof, nicht die beim Volk beliebte Kaiserin. Das war natürlich sehr demütigend für Elisabeth und genau das wollten ihre Gegner damit erreichen.

Auch die Ehe mit Franz Joseph lief nicht gerade so, wie die verliebte fünfzehnjährige Braut sich das wohl vorgestellt hatte. Die erste Romantik war schon lange verschwunden und Elisabeth merkte, wie grundsätzlich verschieden sie und ihr kaiserlicher Gemahl waren. Franz Joseph war ein Beamtentyp, der Ordnung und einen regelmäßigen Tagesablauf liebte. Er sah sich als der erste Diener seines Reiches und arbeitete von frühmorgens bis spätabends. Jeden Tag saß er bereits um fünf Uhr morgens an seinem Schreibtisch, arbeitete Aktenberge ab, traf Regierungsentscheidungen, gab Audienzen – und wenn dann noch Zeit war, kümmerte er sich um seine Familie. Von Kunst hielt er nicht recht viel und musikalisch war er auch nicht. Er selber hat einmal gesagt, dass er nicht einmal die Kaiserhymne erkannte: »Wenn alle aufstehen, dann weiß ich, jetzt wird die Kaiserhymne gespielt!«

Elisabeth war genau das Gegenteil von alledem. Sie war musisch veranlagt, schrieb gerne Gedichte und las viel. Ihr Lieblingsschriftsteller war Heinrich Heine. Elisabeth führte auf allen ihren Reisen eine zweiundzwanzigbändige Gesamtausgabe seiner Werke mit sich. Sie besuchte gerne Theateraufführungen, die den Kaiser meistens tödlich langweilten. Eines ihrer Lieblingsstücke war Shakespeares »Sommernachtstraum«, den sie fast auswendig aufsagen konnte. Einmal hat sich die Kaiserin ein Herz gefasst und ihrem Gemahl eines ihrer Gedichte vorgelesen. Er hat über ihre verrückten Gedanken in dem Gedicht, ihre »Wolkenkraxeleien«, lachen müssen. Das hat Elisabeth sehr verletzt. Nie wieder hat sie ihm eines ihrer Gedichte vorgelesen.

Als sie dann noch herausfinden musste, dass der Kaiser eine Geliebte hatte, war Elisabeth maßlos enttäuscht. Nicht etwa, dass der Kaiser wegen seines Verhältnisses weniger arbeitete oder seltener seine Frau und Familie sah! Nein, dafür war Franz Joseph viel zu gewissenhaft. Er stand einfach eine Stunde früher auf. Also statt um vier Uhr morgens um drei Uhr. So konnte er mit gutem Gewissen von vier bis fünf ein Schäferstündchen bei seiner Geliebten einlegen, um dann pünktlich um fünf Uhr an seinem Schreibtisch zu sitzen. Das stellte vor allem für die Bediensteten des Kaisers eine große Herausforderung dar, denn sie mussten selbstverständlich ebenfalls eine ganze Stunde früher aufstehen. Üblicherweise weckte der Kammerdiener Ketterl, selbst schon perfekt gekleidet und gewaschen, seinen Herrn mit einem Morgengruß. Anschließend kam der »Badewaschler«, selbst sauber und rasiert, mit einer Kautschukbadewanne und wusch den Kaiser. Zuerst rieb er ihn mit lauwarmem Wasser ab, massierte den durchlauchtigen Körper von Kopf bis Fuß, duschte ihn dann kalt ab und frottierte ihn. Einmal hatte ein neu in Dienst getretener »Waschler« große Angst, seinen Dienstantritt zu verschlafen. Deswegen hielt er sich die ganze Nacht mit Hilfe von Schnaps wach. In der Früh war er so betrunken, dass er sich beim Waschen am Kaiser festhalten musste, um nicht umzufallen. Nach dem Bademeister folgte der in einem Frack gekleidete Friseur zum Rasieren und Frisieren. Erst jetzt war der Kaiser für sein allmorgendliches Abenteuer bereit!

Sisi war so entsetzt, dass sie sogar Graf Grünne, den engen Vertrauten des Kaisers, zur Rede stellte. Ihr war bekannt, dass er die Frauenbekanntschaften Franz Josephs arrangierte. Mit dem Kaiser persönlich hätte Sisi über so eine intime Angelegenheit nie gesprochen! Graf Grünne zuckte aber nur die Schultern und sagte, er könne sich dem Befehl seines Herrn nicht widersetzen. Schließlich war er der Kaiser! Nach einer Weile fügte Grünne aber hinzu, dass Elisabeth ja immerhin die Kaiserin sei und sich niemand widersetzen könne, wenn sie ebenfalls das Bedürfnis hätte, mit jemandem etwas anfangen zu wollen. Wie ein väterlicher Freund sprach er zu ihr: »Merken sich Eure Majestät das eine, Sie können machen, was Sie wollen, nur nie ein Wort schreiben, lieber einen Zopf als ein geschriebenes Wort.«[9] Und das eine muss man Elisabeth lassen. Daran hat sie sich gehalten. Schriftlich konnte man der Kaiserin nie etwas nachweisen – zumindest nicht zu Lebzeiten. Aber das ist eine andere Geschichte. Vielleicht erzähle ich sie später noch.

Elisabeth ist das Leben am Wiener Hof immer schwerer geworden. Fast täglich bäumte sie sich gegen die vielen Beschränkungen in ihrem Leben auf. Sie versuchte, den Kaiser eifersüchtig zu machen und besuchte Privatbälle oder gab selbst Bälle, zu denen sie, zum Entsetzen ihrer Schwiegermutter, nur junge Paare ohne Mütter einlud. Gegen ihre Gewohnheit tanzte Sisi wild und vergnügt, manchmal sogar bis in die Morgenstunden. Da war der Kaiser schon längst wieder aufgestanden und bei seiner Geliebten. Einmal war Sisi so wütend, dass sie um drei Uhr morgens, direkt vom Ball, vorbei am Kammertürhüter und am erstaunten Kammerdiener zum Kaiser gestürmt ist. Der stand gerade nackt in seiner Kautschukbadewanne und wurde gewaschen. Franz Joseph hat fast der Schlag getroffen und die peinlich berührte Kaiserin hat schnell den Blick gesenkt. Noch nie im Leben hatte sie das unaussprechliche Organ des Kaisers gesehen! Es waren ja immer schon die Kerzen aus, wenn es intim wurde zwischen den beiden. So schnell wie sie gekommen ist, ist sie auch wieder hinausgestürmt, vorbei an Kammerdiener und Kammertürhüter. Die beiden Eheleute haben niemals miteinander über diesen Zwischenfall gesprochen.

Sisi wurde immer verzweifelter. Der Kaiser wollte sich auch in politischer Hinsicht nicht mit seiner Frau beraten. Da vertraute er lieber seiner Mutter, Erzherzogin Sophie. Sie hatte schon die Revolution 1848 blutig und mit roher Gewalt niederschlagen lassen. Damals hatte sie auch geschickt eingefädelt, dass Franz Joseph im Alter von achtzehn Jahren Kaiser wurde. Sophie hat sogar seinetwegen ihren Mann dazu gebracht, auf die Nachfolge des abgesetzten Kaisers zu verzichten – und damit hat sie zugleich darauf verzichtet, selbst Kaiserin zu werden. Nachdem Franz Joseph in seinem jugendlichen Alter noch nicht so recht wusste, wie das Regieren geht, hat die Mutter kräftig mitgeholfen. In diesen Dingen ist sie so resolut vorgegangen, dass böse Zungen behaupteten, die Kaiserinmutter sei der einzige Mann am Wiener Hof.

Da war ihre junge Schwiegertochter mit ihrer empfindsamen Art genau das Gegenteil: Im Volk erzählte man sich, dass sich die Kaiserin von ihrem Gemahl zur Hochzeit die Abschaffung der Kettenstrafe in Gefängnissen und die Aufhebung der grausamen Strafe des Spießrutenlaufens gewünscht hatte. Noch dazu hatte Sisi ziemlich liberale Ansichten, wie ihr das ihr ungarischer Lehrer in Possenhofen nahegelegt hatte. Diese Einstellung war selbstverständlich in Wien ziemlich fehl am Platz.

Es war eine grauenvolle Vorstellung für Elisabeth, schon im Alter von fünfundzwanzig Jahren auf das Abstellgleis bugsiert zu werden. Die Pflicht des Gebärens war erfüllt. Von ihr wurde nun nur mehr erwartet, bei öffentlichen Anlässen aufzutreten und zu repräsentieren. Sisi hatte Angst, eine dicke, nutzlose alte Matrone zu werden und achtete äußerst konsequent auf ihre schlanke Linie. Ihre Hungerkuren kombinierte sie mit viel Bewegung: Gewaltmärsche und Reitausflüge waren an der Tagesordnung. Das einzige Selbstbewusstsein schöpfte die traurige Kaiserin aus den Komplimenten rund um ihre Schönheit. Trotzdem ging es ihr von Tag zu Tag schlechter.

Die Kaiserin war einsam, depressiv und krank. Sie wurde sogar schwer krank. Ein hartnäckiger Husten und eine geheimnisvolle Lungenkrankheit haben dazu geführt, dass man um das Leben der jungen Frau fürchten musste. Nach langem Beratschlagen entschieden die Ärzte, die Kranke über den Winter nach Madeira auf Kur zu schicken, denn die Kälte in der Wiener Hofburg tat ihr in jeder Hinsicht nicht gut. Der einzige Wehrmutstropfen war, dass die Kinder nicht mitkommen konnten. Sie blieben in der Obhut des Vaters, der Großmutter und der Kinderfrauen. Alle hielten das für besser, vor allem, weil auch eine Ansteckungsgefahr nicht ausgeschlossen war. Es half also alles nichts. Elisabeth machte sich alleine auf die Reise, ohne Gemahl und ohne Kinder. Wobei das Wort »alleine« natürlich relativ ist, wenn eine Kaiserin auf Reisen geht.

Die Kur und ihr Schatten

Die Kaiserin reiste samt ihrem Hofstaat nach Madeira. Außerdem mussten noch Hofkoch Mayer, k. k. Koch Kienberger, k. k. Zuckerbäcker Ziffermayer, ein Küchenträger und ein Tafeldecker mitreisen. Es gab damals noch keine Grandhotels, also wurde eine Villa angemietet, in der die Kaiserin wohnte und natürlich auch jederzeit standesgemäß Gäste empfangen konnte. Aus Wien wurden Tafelsilber, Tischwäsche, Geschirr, Porzellan, Kerzenleuchter und sogar transportable Konditoröfen mitgenommen. In Sisis Gefolge reisten also an die fünfzig Personen, doch damit nicht genug: Hofkoch Mayer musste jeden Tag für die verschiedenen Standeskategorien unterschiedliche Menüs zubereiten. Ganz schön viel Aufwand für eine einzelne junge Frau. Aber aus dieser Perspektive darf man das natürlich nicht sehen. Erst in späteren Jahren, als es ein Eisenbahnnetz und gute Hotels gab, waren die Reisen für die Kaiserin einfacher und mit weniger Personal zu bewerkstelligen. Auf ihrer ersten Reise nach Madeira fuhr Sisi erst einmal mit der Kutsche über München nach Bamberg, wo sich der Kaiser von ihr verabschiedete. In Antwerpen bestieg Elisabeth die Hochseejacht der englischen Queen, die freundlicherweise das einzige für diesen Zweck taugliche Schiff zur Verfügung stellte. Meine Nachbarin, das Fräulein Amalie, meinte dazu: »Weißt du, Kinderl, die Kaiser und Könige halfen sich in solchen Sachen gegenseitig aus.«

Sisi jedenfalls war vom ersten Augenblick an begeistert. Ausnahmslos alle wurden auf der Überfahrt seekrank – nur die kranke Kaiserin nicht. Fortan würde Elisabeth es lieben, mit dem Schiff unterwegs zu sein. Auf dem Meer fühlte sie sich frei und ungebunden. Nicht einmal, wenn ein Sturm kam, wollte Sisi unter Deck. Während die Hofdamen in ihren Kabinen um ihr Leben zitterten und beteten, ließ sich Elisabeth auf einem Stuhl sitzend am Mast anbinden und trotzte fröhlich Sturm und Wetter. Für die Verköstigung auf der Reise führte man sogar eine Kuh mit sich. Denn Elisabeth ernährte sich oft tagelang nur von Kuhmilch. Auf der Schiffsreise war das ein Problem, weil auch Kühe leicht seekrank werden und dann keine Milch mehr geben. Deswegen musste man sich immer außerordentlich gut um die Kuh kümmern. Denn wenn es der Kuh gut ging, ging es auch der Kaiserin gut. Für den Notfall wurde noch eine Ziege an Bord gebracht. Diese Tiere sind etwas robuster und halten Seereisen besser aus.

Auf Madeira gefiel es Sisi ausgesprochen gut. Sie erholte sich prächtig und flirtete heftig mit einem ungarischen Offizier, der zu ihrem Schutz mitreiste. Er unterrichtete die Kaiserin erstmals in ungarischer Sprache. Niemand hatte etwas daran auszusetzen, wenn sie mit ihm lange Spaziergänge machte. Gemeinsam kosteten sie die unbekannten tropischen Früchte, von denen es auf Madeira viele gab. Sisi ließ den feurigen Ungarn sogar von ihrer Banane abbeißen – ein Skandal! Gegen ein paar Schlucke Wein am Abend konnte aber keine der Hofdamen etwas einwenden. Das hellte die Stimmung der traurigen Kaiserin auf und war förderlich für die Gesundheit. In der Gesellschaft ihres Verehrers schmeckte der Wein doppelt so gut! Am Wiener Hof hat man übrigens mitbekommen, dass zwischen der Kaiserin und dem jungen Offizier eine, wie es meine Nachbarin ausdrückte, »außertourliche Sympathie« bestand. Graf Hunyady wurde schnellstmöglich aus Madeira abgezogen und zurück nach Wien beordert.

Der Graf musste also abreisen. In Madeira geblieben ist aber des Grafen Schwester, Gräfin Lily Hunyady. Sie setzte den Ungarischunterricht fort. Lily war genauso alt wie die Kaiserin und ein Mensch, mit dem sich Sisi endlich wieder einmal freundschaftlich unterhalten konnte.

Insgesamt erholte sich die Kaiserin auf Madeira sehr gut und kam bei guter Gesundheit nach Wien zurück. Doch kaum in Wien, fing sie wieder an zu husten und bekam hohes Fieber. Eilig schickte man sie wieder auf Reisen. Diesmal nach

Korfu. Als sie aus Wien abreiste, bot Elisabeth ein so jämmerliches Bild, dass viele fürchteten, die Kaiserin würde nicht mehr lange leben. Auch auf Korfu erholte sie sich zunächst kaum. Erst als ihre Schwester Helene auf Besuch kam, ging es wieder aufwärts. In der Gesellschaft ihrer Lieblingsschwester schmeckte das Essen gleich viel besser. Sie aß ordentlich viel Fleisch und trank viel Bier und Wein. Bald war Elisabeth wieder bei Kräften und die beiden Schwestern verbrachten eine recht vergnügliche und unbeschwerte Zeit auf der Insel. Sie kamen sogar auf die Idee, bei der großen Hitze ohne Kleider zu baden. Das war ein besonderes Abenteuer und ein Nervenkitzel!

Die Nachricht, dass es Elisabeth wieder besser ging, gab in Wien sofort wieder Anlass zu Tratschereien. War die Kaiserin doch eher nervenkrank und nicht brustkrank? Kaiser Franz Joseph war so verwirrt über die unterschiedlichen Nachrichten, dass er selbst nach Korfu reiste, um nach dem Rechten zu sehen. Immerhin freute er sich doch sehr, dass seine Gemahlin sich so gut erholt hatte.

Sicherheitshalber sollte Sisi aber noch den Winter in Venedig verbringen. Da laut Ärzten keine akute Ansteckungsgefahr bestand, erlaubte Franz Joseph sogar, dass sich die Kinder die Wintermonate bei der Mutter aufhalten durften. Die Schwiegermutter war darüber – wie man sich denken kann – überhaupt nicht erfreut. Sie brachte alle möglichen Bedenken vor, um Gisela und Rudolf zu Hause zu behalten. Diesmal ließ sich Franz Joseph aber nicht von seiner Mutter umstimmen. Ein kleiner Sieg für Elisabeth! Allerdings schickte der Kaiser sicherheitshalber jeden Tag frisches Quellwasser aus Wien nach Venedig. Natürlich bekam die verhasste Obersthofmeisterin Esterházy von der Schwiegermutter den Auftrag, ihr aus Venedig bis in das kleinste Detail Bericht zu erstatten. Doch diesmal hat ihr Elisabeth einen ordentlichen Strich durch die Rechnung gemacht: Endlich hatte sie genügend Selbstbewusstsein und fühlte sich stark genug, die Esterházy aus ihrem Dienst zu entlassen. Die Schwiegermutter war entsetzt. Die

Schwiegertochter war froh. Der Kaiser war beeindruckt von seiner Frau. Er selbst getraute sich nicht so ohne Weiteres, seiner Mutter zu widersprechen. In vielerlei Hinsicht hatte noch immer die resolute Erzherzogin die Hosen an, nicht der Sohn.

Sisi war aber noch immer nicht ganz gesund, erst nach einer weiteren Kur in Bad Kissingen konnte sie wieder nach Wien zurückkehren.

Das neue Selbstbewusstsein

Bis auf einen kurzen Zwischenaufenthalt war Elisabeth fast zwei Jahre vom Wiener Hof abwesend. Das hatte die Kaiserin sehr verändert und selbstbewusster gemacht. Sie lernte in dieser Zeit eine völlig neue Freiheit kennen, musste keine lästigen Repräsentationspflichten absolvieren, niemand mäkelte an ihr herum und die bösen Wiener Klatschmäuler waren weit, weit weg. Elisabeth konnte sich völlig auf sich konzentrieren. Und das tat sie auch.

Nachdem Sisi endlich an den Wiener Hof zurückgekehrt war, hatte sich der Ruf ihrer bezaubernden Schönheit und Ausstrahlung gefestigt und sogar in der ganzen Welt herumgesprochen. Es war eine eigentümliche, nach innen gerichtete Schönheit, die ihr bei öffentlichen Auftritten die Aura einer Märchenkaiserin verlieh. Die Wiener Hocharistokratie samt Pauline Metternich konnte noch so sehr die Nase rümpfen, jeder der prunkvollen Auftritte Sisis geriet zu einer wahren Sensation. Tagelang wurde über diese sonderbare Kombination von Schönheit, Eleganz und Würde gesprochen. Darauf, was Kaiser Wilhelm über Elisabeth sagte, war das Fräulein Amalie besonders stolz: »Sie setzte sich nicht, sondern ließ sich nieder, sie stand nicht auf, sondern erhob sich.« Viele kamen an den Wiener Hof, nur um zu sehen, ob die Kaiserin tatsächlich so schön sei, wie man sich erzählte. Und viele schrieben Briefe nach Hause und berichteten, was sie gesehen hatten. Ein amerikanischer Gesandter schrieb zum Beispiel seiner Mutter: »Die Kaiserin ist, wie ich Dir schon öfter erzählte, ein Wunder der Schönheit – hoch und schlank, wunderschön geformt, mit einer Fülle von hellbraunem Haar, einer niederen griechischen Stirn, sanften Augen, sehr rothen Lippen mit süßem Lächeln, einer leisen, wohlklingenden Stimme, und theils schüchternem, theils sehr graziösem Benehmen.«[10]

Kaiser Franz Joseph platzte fast vor Stolz auf seine schöne Gemahlin. Er liebte seine Engels-Sisi abgöttisch und versuchte, ihr jeden Wunsch von den Augen abzulesen. Er fand sowieso, dass seine »außertourlichen Sympathien« nichts mit seiner Ehe zu tun hatten.

Als derselbe Gesandte ein Jahr später noch einmal zu einem Hofdiner geladen war, fand er die Kaiserin sogar noch schöner vor, »noch strahlender, berückender und vollendeter«. Doch Sisi hatte noch immer Angst, »Fehler« zu machen, die dann wieder, mit viel Fantasie um etliche Details bereichert, überall herumerzählt werden würden. Als sie bei dem besagten Diner versehentlich ein Weinglas umstieß, errötete sie »in der adorabelsten Weise, wie ein Schulmädchen«, schreibt der Gesandte. Der Kaiser jedoch kam seiner Sisi gleich zu Hilfe und stieß selbst ein Weinglas um. Es war ein großes Durcheinander entstanden, das von den Dienern eilig mit Servietten wieder in Ordnung gebracht wurde. Sisi lächelte den Kaiser verlegen und dankbar an, der Kaiser lachte zurück. Alle anderen saßen in eisigem Schweigen da und warteten, bis der Kaiser wieder zu essen begann. Die Gäste durften ja laut Protokoll nur essen, wenn auch der Kaiser aß.

Manchmal aber war Sisi selbst überwältigt von der Begeisterung, die ihr außerhalb des Wiener Hofes entgegengebracht wurde. Vor allem, als sie zur Hochzeit ihres Bruders nach Sachsen eingeladen wird, staunt die Kaiserin nicht schlecht, dass sie, ehemals verschmäht und belächelt, plötzlich im Mittelpunkt steht. Auf dem Hofball erscheint die Monarchin im weißen, mit goldenen Sternen bestickten Kleid und weißen Kamelien an ihrer Brust. Fanny hat aus ihrer Haarpracht eine exquisite, kunstvoll geflochtene Krone gezaubert, die mit Brillantsternen geschmückt ist. »Blendend schön« sei die Kaiserin gewesen, schreibt sogar der Bruder Franz Josephs begeistert nach Wien, »auch waren die Leute wie verrückt hier. Ich habe noch nie so einen Effekt machen sehen. (…) die Leute hier sind so paff über unsere Souverainin!!! haben recht.«[11] Elisabeth war so schön, dass sie am Tag der Hochzeit, diesmal in einem lilafarbenen, mit silbernen Kleeblättern bestickten Kleid, einem Manteau aus Silberspitzen und der Diamantenkrone im herrlichen Haar, alle anderen Damen überstrahlte. Alle starrten gebannt, ja fast geblendet auf die schöne österreichische Kaiserin. Niemand beachtete die Braut. Selbst Königin Marie von Sachsen war ganz aufgeregt. Sie erinnerte sich noch gut an den Besuch des hässlichen Entleins, das keiner hatte haben wollen. Voller Verwunderung schrieb die Königin einer Freundin: »Von der Begeisterung, welche die Schönheit und Liebenswürdigkeit der Kaiserin hier erregte, kannst Du Dir keine Vorstellung machen; noch nie sah ich meine ruhigen Sachsen in *solcher* Aufregung!«[12]

Unser Fräulein Amalie ereiferte sich richtig, als sie mir diese Geschichte erzählte und sagte voller Genugtuung: »Das geschieht den Sachsen recht! Wie sie die Sisi noch hätten haben können, hat sie ja keiner haben wollen! Das war ein Erfolg für unsere Kaiserin – durch und durch!«

In den zwei Jahren Abwesenheit vom Wiener Hof hatte Elisabeth einen ganz eigenen Lebensstil entwickelt, der sich auch auf ihr Erscheinungsbild in der Öffentlichkeit auswirkte:

Durch die viele Bewegung und ausdauernden Hungerkuren erreichte Sisi ihr Ziel, schlank und rank zu bleiben. Mit 172 Zentimetern Körpergröße war sie für ihre Zeit eine große Frau. Mit einem Gewicht von 48 bis 50 Kilogramm, das sie ihr Leben lang beibehielt, war Elisabeth streng genommen untergewichtig. Fräulein Amalie war sich nicht sicher, ob bei den 50 Kilo Sisis Haare mitgerechnet waren, die ja meistens wadenlang waren und alleine schon an die fünf Kilo wogen. Sisi hätte dann weit unter 50 Kilo gewogen. Das wäre vorstellbar und würde auch ihre berühmte Wespentaille von nur 50 Zentimeter erklären. Diese unglaublich dünne Taille wurde zusätzlich durch starkes Schnüren zur Geltung gebracht. Manchmal war die Kaiserin allerdings so stark geschnürt, dass sie Atemnot bekam oder ohnmächtig wurde. Auch bei ihren Reitausflügen war Elisabeth extrem geschnürt. Sie ritt in Reitkleid und Damensitz. Meistens ließ sie sich in ihr Reitkleid einnähen, wenn sie bereits auf dem Pferd saß. Es musste alles seinen perfekten Sitz haben – die Kaiserin auf dem Pferd und ihr Kleid.

Um diese Schönheit zu erhalten, hatte Elisabeth einen straffen Tagesplan entwickelt. Sie stand sehr früh auf, im Sommer um fünf, im Winter um sechs Uhr, machte Turnübungen und badete anschließend in warmem Olivenöl oder in Honigmilch. In dieser Beziehung war sie nicht so sparsam wie der Kaiser, der sich mit kaltem Wasser abwaschen ließ.

Elisabeth hat sich in jedem Haus, in dem sie sich längere Zeit aufhielt, ein Turnzimmer einrichten lassen, das mit Reck, Ringen und Sprossenwand ausgestattet war. Fräulein Amalie glaubt, dass die Kaiserin die erste Frau war, die Sport betrieb und ein eigenes Fitnessstudio hatte. Turnen steckte ja überhaupt noch in den Kinder-Turnschuhen. Das Wort »Sport« gab es in der deutschen Sprache damals gar nicht. Es gab kaum Männer, die turnten. Für Frauen war es unvorstellbar – und erst für eine Kaiserin!

Fräulein Amalie hatte bei einem unserer Kaffeestündchen extra eine Beschreibung bereitgelegt – von Konstantin Christomanos, dem Griechisch-Vorleser Elisabeths: »Sie ließ mich heute vor dem Ausfahren nochmals in den Salon rufen. An der offenen Thüre zwischen dem Salon und ihrem Boudoir waren Seile, Turn- und Hängeapparate angebracht. Ich traf sie gerade, wie sie sich an den Handringen erhob. Sie trug ein schwarzes Seidenkleid mit langer Schleppe und von herrlichen schwarzen Straußenfedern umsäumt. Ich hatte sie noch nie so pompös gekleidet gesehen. Auf den Stricken hängend, machte sie einen phantastischen Eindruck, wie ein Wesen zwischen Schlange und Vogel. Um sich niederzulassen, musste sie über ein niedrig gespanntes Seil hinwegspringen.«[13] Anschließend eilte sie zu einem Empfang und sagte zu ihrem Vorleser nur noch: »Wenn die Erzherzoginnen wüssten, dass ich in diesem Kleid geturnt habe, sie würden erstarren!«

Ja, es muss schon ein sehr merkwürdiges Bild gewesen sein,

eine Kaiserin turnen zu sehen. Wenn Sisi Körperübungen machte und währenddessen in großen Spiegeln ihre Haltung kontrollierte, kicherten die Hofdamen heimlich und fanden das »Gehabe« der Kaiserin recht lächerlich. Wenn es allerdings daran ging, einen Spaziergang zu unternehmen, der leicht in einen vier Stunden dauernden Gewaltmarsch ausarten konnte, lachten die Hofdamen nicht mehr. Die Kaiserin war nämlich fit und durchtrainiert, die Hofdamen aber nicht und sie keuchten folglich recht kurzatmig hinter ihr her. Zum Essen nahm sich Elisabeth nicht einmal bei einer sechsstündigen Tour richtig Zeit. Dementsprechend hungrig blieben auch ihre Begleiterinnen. Der Kaiser fragte so manche Hofdame mitleidig: »Leben Sie denn noch, Gräfin?« Manchmal zeigte Elisabeth aber Erbarmen: Dann kam nach zwei, drei Stunden Fußmarsch eine Kutsche mit frisch ausgeruhten Hofdamen. Die erschöpften wurden eingesammelt und mit den neuen ging es die nächsten Stunden wieder munter weiter. Entsetzt haben sich die Leute in Bad Ischl erzählt, dass die Kaiserin in nur zehn Stunden durch das Tote Gebirge »rannte«. Bei solchen Gewalttouren haben sogar die Bergführer am Ende ihrer Kräfte gebettelt, man möge doch endlich umkehren. In Griechenland bekam Elisabeth den Spitznamen »Eisenbahn«, weil sie mit ihren Hofdamen so ungewöhnlich rasant durch die Gegend lief. Das war aber durchaus nicht abwertend gemeint: Die Eisenbahn war das modernste und schnellste Fortbewegungsmittel der Zeit. Heute würde man diese flotte Gangart wahrscheinlich eher »Walken« nennen. Die »rennenden« Damen boten einen ziemlich ungewöhnlichen Anblick. Anstatt in ihren schönen Kleidern mit farblich abgestimmten Sonnenschirmen und Fächern würdevoll zu schreiten, hetzten sie schwitzend durch die Gegend. Des Öfteren wurde die eigenartig anmutende Truppe sogar von der Polizei aufgehalten, weil man befürchtete, die Damen würden verfolgt. Wenn ein Polizist dann die Kaiserin erkannte, ließ er sie trotz Beteuerungen, dass alles in Ordnung sei, nicht mehr aus den Augen und keuchte die ganze Strecke hinterher, bis alle wieder wohlbehalten zu Hause waren.

Wie der Vater, so die Tochter

Elisabeth haben die Erinnerungen an ihre schöne Kindheit in Possenhofen ein Leben lang begleitet. Wenn man genau hinschaut, ist auch wirklich nicht zu übersehen, wie prägend die bayerische Heimat für sie war. Der Vater hat sich zwar um die Alltagsangelegenheiten seiner Kinder nicht gekümmert, das war Ludovikas Aufgabe. Er hat sich aber gerne schöne Überraschungen ausgedacht, wenn er nach Possenhofen gekommen ist. Die Kinder wurden dann spontan von ihrem Unterricht befreit, entweder weil Herzog Max ein Kasperltheater mitgebracht hatte oder weil er einen Wanderausflug machen wollte. Herzog Max war ganz begeistert von seinem »Lieserl«, weil sie reiten konnte wie der Teufel. Der Vater war Sisis erster Reitlehrer und hat ihr schon als Mädchen Zirkuskunststücke beigebracht. Bei einer Gelegenheit hat er das Lieserl auch ins Wirtshaus mitgenommen. Herzog Max hat auf seiner Zither gespielt und die kleine Sisi hat dazu so schön getanzt, dass ihr die Leute Münzen zugeworfen haben. Elisabeth hat diese Münzen in einem kleinen Lederbeutelchen aufgehoben. Die hat sie der Fanny Angerer einmal stolz gezeigt. Es war das einzige Geld, das sie jemals selbst verdient hatte. Oft hat Elisabeth von des Vaters Ratschlägen erzählt. Beim Gehen muss man sich zum Beispiel bei jedem neuen Schritt von dem vorherigen ausruhen können und sich so wenig wie möglich über die Erde schleifen. Als Beispiel sollten sich seine Kinder die Schmetterlinge vor Augen halten. Und wirklich war Elisabeth weithin bekannt für ihre eigenartig beschwingt hüpfende Gangart.

Verblüffend ist aber schon, wie ähnlich sich Vater und Tochter waren, obwohl sie auf den ersten Blick grundverschieden wirken. Die Liebe zu den Pferden ist dabei noch das wenigste. Obwohl es gar nicht im Trend der Zeit gewesen ist, haben beide ein Leben geführt, das sehr auf ihre individuellen Bedürfnisse abgestimmt war. Herzog Max musste sich als Mann allerdings viel weniger einschränken als Elisabeth. Er konnte seine außerehelichen Liebschaften fast öffentlich pflegen. Zu Mittag zum Beispiel hat er gerne mit seinen heißgeliebten außerehelichen Töchtern gespeist. Niemand durfte ihn dabei stören, auch nicht die ehelichen Kinder! Herzog Max wurde von frühester Kindheit an schon eine sehr gute Ausbildung zuteil. Er beherrschte mehrere Sprachen. Sisi konnte Deutsch, Englisch, Französisch, Ungarisch, Altgriechisch und Neugriechisch. Auch Elisabeths Vater kannte Griechenland nicht nur durch seine Reisen, sondern beschäftigte sich intensiv mit griechischer Geschichte und Literatur. Die Tochter trieb die Begeisterung noch ein paar Grade weiter. Gerade in den späteren, den 1880er Jahren betrachtete sie Griechenland als die Heimat ihrer Seele. Auf Korfu ließ sie sich einen Palast, das Achilleon, erbauen und mit einer Unzahl griechischer Götterstatuen, Philosophen- und Schriftstellerbüsten ausstatten. Das Fräulein Amalie ist in jungen Jahren einmal dort gewesen und hat mir dringend geraten, diese traumhafte Insel samt dem Palast anzuschauen. Sisi hatte drei Jahr lang einen Griechisch-Vorleser, Constantin Christomanos, der ein glühender Verehrer Elisabeths war. Er las der Kaiserin nicht nur während der Frisierstunden vor, sondern auch bei Spaziergängen und begleitete sie in dieser Zeit auf fast allen Reisen (auch nach Korfu).

In der Dichtkunst wählten Vater und Tochter ebenfalls vergleichbare Themen, manche Gedichte der beiden sind einander verblüffend ähnlich.

Obwohl Herzog Max und seine Tochter Elisabeth sehr stark im Licht der Öffentlichkeit standen und herrschaftlich repräsentieren sollten, hatten beide große Lust an der Provokation. Max hielt an Sonntagen – während in der Kirche gepredigt wurde – draußen lautstarke Exerzierübungen ab, Elisabeth aß ausgerechnet an Fasttagen Fleisch. Er kleidet sich nicht herzoglich, sondern gerne in volkstümlicher Tracht und

spielt im Wirtshaus auf seiner Zither. Sie kleidet sich »skanda-
lös«, trägt im Sommer weder Unterwäsche noch Unterröcke.
Der Vater brachte von seiner Orientreise vier Mohren mit und
erschreckte die Münchner damit. Elisabeth bekam vom persischen Schah als absonderliche Attraktion einen »verkrüp-
pelten Mohren« geschenkt. Sein Name war Rustimo. Sisi ließ
ihn taufen und machte ihn zum Spielgefährten ihrer jüngsten
Tochter Marie Valerie. Neben Rustimo in der Kutsche sitzen
zu müssen, geriet für so manche Hofdame zu einem wahren
Abenteuer. Marie Valerie verteilte bei solchen Kutschenfahr-
ten gern Süßigkeiten an arme Kinder. Rustimo »half« der Kai-
sertochter dabei. Wenn ein Kind ängstlich aus seiner Hand ein
Zuckerl nehmen wollte, schrie er laut: »Buuhhh« und fletschte
die Zähne. Die Kinder liefen in Panik schreiend davon und
Marie Valerie amüsierte sich köstlich. Auch ein Affe war eine
Zeitlang als Spielgefährte Marie Valeries in Mode. Er durfte
sich frei in allen Räumlichkeiten bewegen. Allerdings musste
das possierliche Tierchen irgendwann entfernt werden, weil
er sich sehr unanständig benahm und die Hofdamen an den
unmöglichsten Stellen berührte.

Für Tanzbären oder Königstiger, die Sisi frei in der Hofburg
herumlaufen lassen wollte, hatte Kaiser Franz Joseph beim
besten Willen kein Verständnis. 1871 schrieb ihm Elisabeth
bezüglich eines Geschenkes zum Namenstag: »Nachdem Du
mich fragst, was mich freuen würde, so bitte ich Dich entweder um einen jungen Königstiger (zoologischer Garten in
Berlin, drei Junge) oder ein Medaillon. Am allerliebsten wäre
mir ein vollständig eingerichtetes Narrenhaus. Nun hast Du
Auswahl genug.«[14] Es waren sehr wenige Wünsche, die der
Kaiser seiner Sisi nicht erfüllte. Auch gegen die Haltung riesiger Hunde (schottische Windhunde, Bernhardiner, irische
Wolfshunde und dergleichen), die sich ständig in Elisabeths
Gemächern aufhielten, die Hofdamen erschreckten und den
Kaiser sehr störten, konnte er nichts unternehmen.

Aufregung um die Schwestern

Elisabeth hat zu allen vier Schwestern eine sehr innige Beziehung gehabt und kümmerte sich mit großer Hingabe um sie, wenn es Probleme gab. Für den Geschmack des Vaters haben sich die Schwestern viel zu oft im väterlichen Schloss Possenhofen getroffen.

Fräulein Amalie meinte, die Schwestern hätten sich so ähnlich gesehen, dass es eine große Aufregung gab, wenn alle auf einmal in Wien waren. Oft waren sie nämlich absichtlich gleich angezogen und legten ein ähnliches Verhalten an den Tag. Auch die Hofdamen waren dann richtig gefordert, weil sie nie wussten, wem welcher Schirm, Fächer, Schleier oder Hut gehörte. Helene war Sisis Lieblingsschwester – die beiden haben fast immer Englisch miteinander gesprochen. Vor allem in Wien war das sehr praktisch, weil diese Sprache am Wiener Hof kaum jemand verstand und somit ganz prima für Geheimniskrämereien zwischen den beiden Schwestern genutzt werden konnte.

Herzog Max, selbst kein Kind von Traurigkeit, hat es ziemlich locker gesehen, als seine verheiratete Tochter Marie nach einem Liebesverhältnis mit einem belgischen Grafen schwanger geworden war. Er war der Meinung, dass solche Sachen nun einmal passierten und sich das aufgeregte »Gegacker« darum gar nicht lohne. Für die Schwestern war das anders: Sisi reiste mit großem Gefolge in Possenhofen an. Auch Schwester Mathilde war gekommen. Eifrig wurde beraten und diskutiert, was zu tun sei. Herzog Max war das bald zu viel. Er wollte wieder seine Ruhe haben. Vor allem, weil Sisi mit Lakaien, Obersthofmeisterin, Hofdamen, Reisemarschall, Kammerfrauen und Friseuse sehr viel Platz beanspruchte! Sogar die ganzen Gasthäuser in der Nähe waren voll belegt mit der österreichischen

Gesellschaft. Der Vater sprach ein donnerndes Machtwort und hat die verheirateten Töchter wieder zu ihren Ehemännern zurückgeschickt. Marie jedoch hat im Geheimen ein Mädchen zur Welt gebracht, das sie dem Vater des Kindes übergeben musste. Ihr Ehemann hat ihr den Seitensprung verziehen und die beiden haben dann doch noch eine ganz harmonische Ehe geführt.

Ganz andere Schwierigkeiten hatte Elisabeth mit ihrer jüngeren Schwester Sophie Charlotte. Man sagt, sie sei ebenso schön gewesen wie ihre kaiserliche Schwester. Dementsprechend waren auch einige sehr interessante Hochzeitswerber zur Hand. Sophie allerdings war sehr wählerisch. Einigen Bewerbern hat sie ganz kühl einen Korb gegeben! Mutter Ludovika war in hellster Aufregung deswegen. Sogar der jüngere Bruder des Kaisers, Ludwig Viktor, wäre ein Kandidat gewesen. Der war aber bei einem großen Ball in Frauenkleidern erschienen und hat einen riesigen Skandal verursacht. Das muss man sich vorstellen: Der Zeremonienmeister hat mit seinem Stab geklopft und mit feierlicher Stimme »Erzherzog Ludwig Viktor!« angesagt und dann kommt der Erzherzog in einem Kleid, das fast so schön war wie das der Kaiserin! Das war ein Theater. Im Endeffekt war Herzogin Ludovika dann doch ganz froh, dass aus dieser Verbindung nichts geworden war.

Als der bayerische König Ludwig II. um die Hand Sophie Charlottes anhielt, war die Mama aber schnell getröstet. Sophie Charlotte hat den Antrag angenommen! Das war eine Freude. Ludwig II. und Sophie hatten eine große Gemeinsamkeit: Sie waren große Wagner-Fans. Die kleine Schwester der Kaiserin hatte eine sehr schöne Singstimme und musste ihrem Bräutigam stundenlang vorsingen. Die Hochzeit war für den August geplant, am Geburtstag des Königs. Es wurden ein prachtvolles Prunk-Ehebett und eine goldene Hochzeitskutsche angefertigt. Doch König Ludwig verschob die Hochzeit immer wieder. Schließlich, es war schon Herbst geworden, hat er die Verlobung aufgelöst und Sophie seiner »Bruderliebe« versichert, die aber für eine Ehe nicht genug sei. Um allen zu zeigen, dass die Verlobung aufgelöst war, ließ Ludwig die schöne Marmorbüste seiner Braut in den Schlosshof der Münchner Residenz fallen. Elisabeth war ziemlich wütend auf den König, der ihr glühender Verehrer war. Sogar während der Verlobungszeit hatte Ludwig an Sisi leidenschaftlichere Briefe geschrieben als an seine Braut! Ludwig und Elisabeth haben sich nach einer intensiven Aussprache aber wieder versöhnt.

Jedes Mal, wenn die Kaiserin in Possenhofen weilte, besuchte der König sie und redete stundenlang mit ihr. Elisabeth zu Ehren trug er dabei sogar eine österreichische Uniform. Bei seinen Besuchen wollte Ludwig aber niemanden sonst aus der Familie sehen – schon gar nicht seine ehemalige Braut. Die hatte sich aber sowieso bei einem Termin mit Ludwig für das Verlobungsfoto in den Fotografen verliebt und eine leidenschaftliche Beziehung angefangen. Drei Monate später hat sich Sophie mit einem anderen verlobt.

Fräulein Amalie meinte, dem Ludwig hätte ein Mann als Bräutigam besser gefallen! Aber das war ja damals ein Ding der Unmöglichkeit. Der jüngere Bruder des Kaisers, Ludwig Viktor, hätte vermutlich auch den bayerischen König lieber gehabt als die Sophie. Vor lauter Liebe war sein Schloss in Kleßheim vom Speicher bis zum Keller in Blau-Weiß eingerichtet. Komplett. Vorhänge, Fußboden, Möbel, Aschenbecher und sogar die Nagelfeile – alles war blau-weiß. Solch eine Liebe ist selten.

Frisieren – eine heilige Handlung

Mittlerweile arbeitete Fanny Angerer schon lange als Friseuse der Kaiserin. Sie stand im Ruf, die exquisitesten und kunstvollsten Frisuren Wiens herzustellen. Das Fräulein Amalie war außerordentlich stolz auf die begabte Tante: »Die Kaiserin wollte sich ja nur mehr von der Tante Fanny frisieren lassen!« Sie war fest überzeugt davon, dass der Schönheitserfolg der Kaiserin eng mit der Frisierkunst ihrer Tante zusammenhing. Das ist wahrscheinlich wirklich der Fall, denn Sisi weigerte sich sogar, bei einem offiziellen Auftritt zu erscheinen, wenn Fanny einmal krank war und sie nicht frisieren konnte. Der griechische Vorleser hat an so einem Tag einmal eine Entschuldigung Elisabeths in seinem Tagebuch vermerkt: »Sie müssen entschuldigen, heute bin ich zerstreut. Ich muss meinen ganzen Geist auf die Haare verwenden: denn sie (die Friseuse) hat sich krank gemeldet und die junge Dame hier (das Kammerfräulein) ist noch nicht so eingeweiht in alle Mysterien.«

Das mit dem Kranksein war bei der Tante Fanny allerdings so eine Sache: Nachdem die Kaiserin und ihre Friseuse ein sehr freundschaftliches Verhältnis hatten und in den dreistündigen Frisiersitzungen ab und an heftig miteinander debattierten, kam es manchmal zu Meinungsverschiedenheiten, bei denen Fanny untertänigst den Kürzeren zu ziehen hatte. Um ihrem Ärger trotzdem Luft zu machen, meldete sich die Fanny einfach am nächsten Tag krank und schickte die Kammerfrau zum Frisieren, was regelmäßig großen Missmut bei Sisi hervorrief. Sogar bei Christomanos beschwerte sich die Kaiserin diesbezüglich: »Nach einigen solchen Frisierstunden bin ich wieder ganz mürbe. Das weiß jene und wartet auf eine Kapitulation.«

Christomanos kam in den Frisierstunden regelmäßig zur Konversation in Griechisch und übte Übersetzungen mit der

Kaiserin. Die besondere Zeremonie des Frisierens und die Art und Weise, wie Fanny mit dieser Haarpracht umgegangen ist, haben ihn so beeindruckt, dass er die Szene in seinen Erinnerungen festgehalten hat. Natürlich hatte Fräulein Amalie bei meinem nächsten Besuch schon das kleine Büchlein von Christomanos bereitgelegt und las mir vor:

»Haare sah ich wie Wellen, den Boden erreichend und sich auf ihn niederlegend und weiterhin fließend. (…) Hinter dem Sessel der Kaiserin stand die Friseuse in schwarzem Kleide mit langer Schleppe, eine weiße Schürze aus Spinnegewebe sich vorgebunden, als Dienende selbst von imposanter Erscheinung, Spuren verblühter Schönheit auf dem Gesichte, und Augen voll finsterer Ränke. (…) Mit weißen Händen wühlte sie in den Wellen der Haare, hob sie dann in die Höhe und tastete darüber wie über Sammet und Seide, wickelte sie um die Arme wie Bäche, die sie auffangen möchte, weil sie nicht rinnen wollten, sondern fliegen, theilte die einzelne Welle mit einem Kamme aus goldgelbem Bernstein in mehrere und trennte dann jede von diesen in unzählige Fäden, die im Sonnenlichte wie Gold wurden. (…) Dann wob sie aus allen diesen Strahlen (…) neue ruhige Wellen, flocht diese Wellen zu kunstvollen Geflechten, die in zwei schwere Zauberschlangen sich wandelten, hob die Schlangen empor und ringelte sie um das Haupt und band daraus, mit Seidenfäden dieselben durchwirkend, eine herrliche Krone. (…) Dann brachte sie auf einer silbernen Schüssel die todten Haare der Herrin zum Anblick und die Blicke der Herrin und jene der Dienerin kreuzten sich eine Secunde – leisen Vorwurf bei der Herrin enthaltend, Schuld und Reue der Dienerin kündend. Dann wurde der weiße Mantel aus Spitzen von den fallenden Schultern gehoben und die schwarze Kaiserin entstieg gleich einer göttlichen Statue der bergenden Hülle. Die Herrscherin neigte dann den Kopf – die Dienerin versank in den Boden, leise flüsternd: ›Zu Füßen Euer Majestät ich mich lege‹; und so ward die heilige Handlung vollendet.«[15]

An dieser Beschreibung merkt man schon, wie intensiv die

Beziehung zwischen Herrin und Dienerin war – und nicht immer ohne Spannungen. Insgesamt haben sich die beiden aber außerordentlich gut vertragen. Fanny Angerer hat sich der Kaiserin sogar anvertraut, als sie schrecklichen Liebeskummer litt. Sie war nämlich in den Hugo Feifalik verliebt und er in sie. Leider durfte sie ihn aber nicht heiraten, weil es gegen die Hofordnung verstoßen hätte, als k. u. k. Hofbedienstete einen bürgerlichen Bankbeamten zu heiraten, der nicht im Hofdienst stand. Elisabeth wollte nicht, dass Fanny wegen der Heirat aus dem Hofdienst austrat, also hat sie ganz beherzt und höchstpersönlich für den Auserwählten ein Wort beim kaiserlichen Gemahl eingelegt. Hugo Feifalik hat es mit seiner Braut ganz gut erwischt, denn er wurde zum Privatsekretär der Kaiserin ernannt und später zum Reisemarschall. Das war sehr geschickt eingefädelt, weil ja auch die Fanny auf allen Reisen mitkommen musste.

Das Ehepaar Feifalik ist fast dreißig Jahre nicht von der Seite der Kaiserin gewichen und hat alles gewusst, was vor sich geht. Das hat natürlich zu vielen Eifersüchteleien geführt. Vor allem den Hofdamen war es überhaupt nicht recht, dass die Kaiserin einer »dahergelaufenen« Friseuse mehr Vertrauen schenkte als ihnen. Die Hofdame Marie Festetics schrieb missgünstig in ihr Tagebuch, dass das »allerhöchste« Vertrauen die Feifalik mit den Jahren recht hochnäsig und eingebildet gemacht habe. Fanny kam sich sehr vornehm vor und schritt so würdevoll durch die Gegend, als sei sie selbst die Kaiserin. Das hat mir das Fräulein Amalie aber nicht erzählt. Sie schwärmte in den höchsten Tönen von ihrer tollen Tante, die am Wiener Hof von vielen Damen umschwärmt wurde, die alle auch so herrliche Frisuren haben wollten wie die Kaiserin. Aber bei keiner ist die wunderschöne geflochtene Haarkrone, die Fanny eigens für die Kaiserin erfunden hatte, so wirkungsvoll zur Geltung gekommen wie bei Elisabeth. Nur sie hatte so lange, schöne und dicke Haare. Und nur sie hatte die Zeit, diese Haarpracht gebührend zu pflegen.

Mit großem Stolz hat mir das Fräulein Amalie aber erzählt,

dass auch der Kaiserin die majestätische Haltung ihrer Tante aufgefallen war und dass ihr dabei eine wundervolle Idee gekommen sei: Weil Fanny Feifalik ebenfalls sehr schön war und genauso groß und schlank wie die Kaiserin, setzte diese ihre Friseuse gerne als Doppelgängerin ein. Das ging natürlich nur im Ausland, wo man die Kaiserin nicht so gut kannte. Für Fanny, Tochter einer Hebamme und eines Friseurs, die bis zu ihrem zehnten Lebensjahr barfuß durch die eher ärmlicheren Gassen Wiens gelaufen ist, war es das Höchste, sich als Kaiserin von einer begeisterten Menge zujubeln zu lassen. Vom Galaboot im Hafen von Smyrna etwa winkte majestätisch die stolze Fanny, während die Kaiserin eine Verabredung mit einem ihrer Verehrer hatte. Am Bahnhof von Marseille konnte Elisabeth unbemerkt den Zug besteigen, während das Volk der Fanny Feifalik zujubelte, die würdevoll am Bahnsteig auf und ab schritt und ihren Kopf geziert nach allen Richtungen neigte. Nach solchen Einsätzen waren beide sehr zufrieden und glücklich.

Nach und nach gelang es Elisabeth, sich ein wenig mehr Freiheit zu verschaffen. Mittlerweile suchte sie sich selbst Hofdamen ihres Vertrauens aus. Diejenigen, die ihre Schwiegermutter bestimmt hatte, versuchte sie nach und nach loszuwerden. Sie fand dafür eine einfache Erklärung: Die alten Hofdamen konnten bei ihren Gewaltmärschen nicht mithalten. Für die neuen gab es völlig andere Auswahlkriterien: körperliche und seelische Robustheit, gesunde Füße und Kondition! Vor allem aber hatte Elisabeth über alle Widerstände hinweg eine offizielle Vorleserin engagiert, Ida Ferenczy, die ihre beste Freundin wurde. Ida war auch meistens bei den Frisierstunden dabei, las allerdings selten vor, sondern übte Ungarisch mit der Kaiserin. Fanny verstand sich ebenfalls sehr gut mit Ida. Die drei Frauen steckten also tagtäglich ihre Köpfe zusammen und besprachen alle wichtigen Sachen bis ins Detail. Besonders detailreich wurden die Besprechungen, als Graf Andrássy in Elisabeths Leben trat …

Andrássy

Graf Gyula Andrássy war, man kann es nicht anders sagen, ein schöner und äußerst interessanter Mann. Mit dem Wiener Hof stand er während der Revolution von 1848 allerdings auf Kriegsfuß – er hat sogar gegen die kaiserlichen Truppen gekämpft. Deswegen wurde er wegen Hochverrats zum Tode durch den Strang verurteilt. Er war aber zum Zeitpunkt des Urteils schon längst nach Paris geflüchtet. Weil man jemanden, der nicht da ist, schwer erhängen kann, nagelte der Henker wenigstens Andrássys Namen an den Galgen. So konnte er als offiziell erhängt gelten. Die Pariser Damenwelt nannte ihn deswegen »den schönen Gehenkten«. Sein weltmännisches Auftreten, gepaart mit einer ungestümen, wilden Ausstrahlung, kam bei den Damen ausgesprochen gut an. Während er perfekt auf Ungarisch, Deutsch, Französisch und Englisch parlierte, flackerte doch in seinen Augen immer ein wenig die ungezügelte Leidenschaft des ungarischen Reitervolkes.

In andächtigem Flüsterton erzählte mir an einem verregneten Mittwochnachmittag bei Melange und Apfelstrudel das Fräulein Amalie von der ersten Begegnung Andrássys mit Elisabeth: Andrássy war nach einiger Zeit begnadigt worden und reiste mit einer Delegation des ungarischen Landtages nach Wien, um die Kaiserin zu einem offiziellen Besuch in Ungarn einzuladen. Es hatte sich inzwischen schon herumgesprochen, dass sie diesem Land ganz besonders zugetan war. Elisabeth stand im Audienzraum unter einem Baldachin zum Empfang bereit. Die Brillanten und Perlen auf dem Mieder ihres ungarischen Galakleides funkelten mit der Diamantenkrone um die Wette. Die Kaiserin bot ein berückend schönes Bild. Nun geleitete der Obersthofmeister die ungarische Delegation, angeführt von Andrássy, in den Saal. Er zog sofort alle Blicke auf sich, als er im goldbestickten Prachtgewand der magyarischen Aristokratie gemessenen Schrittes an der versammelten Hofgesellschaft vorbeiging und sich der Kaiserin näherte. Er trug goldene Reiterstiefel mit Sporen, am Schwertgehänge über der engen Reiterhose hing ein Krummsäbel mit Brillanten verziertem Griff in goldener Scheide, auf den schwarzen Locken saß eine Pelzkappe mit einem riesigen Edelstein. Den Attila, einen reichbestickten Umhang, trug er auf der linken Schulter und ein Tigerfell mit Kopf auf der rechten. Einige Hofdamen wurden bei diesem Anblick ohnmächtig und mussten mit Riechfläschchen wieder zur Besinnung gebracht werden.

Als sich Elisabeth und Andrássy nun zum ersten Mal gegenüberstanden, hat es jeder der Anwesenden sofort gemerkt: Es hat gefunkt zwischen den beiden! Nach einer ersten Verlegenheitsminute gratulierte der Graf im Namen seines Landes der Kaiserin nachträglich zum achtundzwanzigsten Geburtstag. Zum großen Erstaunen aller bedankte sich Elisabeth auf Ungarisch. Anschließend reichte sie die Hand zum Kusse, die Andrássy gegen die Vorschrift viel zu gefühlvoll und viel zu lange küsste. Später beim Cercle haben sich die beiden eine Viertelstunde lang auf Ungarisch unterhalten und keine der Hofdamen im Umkreis verstand ein Wort. Dass ausgerechnet Elisabeth, die sonst bei den Cercles kaum den Mund aufmachte, plötzlich so gewandt und charmant reden konnte! Es war ein Skandal!

Wie ein Lauffeuer verbreitete sich die Nachricht von der Verliebtheit der Kaiserin in den ungarischen Grafen. Das Gerede war so groß, dass Andrássy Elisabeth nicht mehr besuchen konnte, wenn er in Wien war. Er besuchte nur ihre Vorleserin und beste Freundin Ida Ferenczy. »Zufällig« weilte Elisabeth manchmal zur selben Zeit dort. Ida wiederum ließ sich, während ihre Wohnung mit hohem Besuch besetzt war, von der lieben Fanny eine schöne Frisur machen. Nur Ida und Fanny wussten Bescheid. Ida Ferenczy hat es nie jemandem weitererzählt. Und die Fanny hat es ihrer Nichte erst erzählt, als die Kaiserin schon tot war. Jetzt wissen nur das Fräulein

Amalie und ich Bescheid. Zu Lebzeiten konnte der Kaiserin niemand etwas nachweisen. Wenn sich Sisi und Andrássy Briefe geschrieben haben, dann nur über die Ida und so verklausuliert, dass niemand nachverfolgen konnte, von wem die Rede war. Die Kaiserin sprach gegenüber der Freundin lediglich vom »Freund« und Andrássy schrieb von der »Schwester«.

Während der Verhandlungen über den österreichisch-ungarischen Ausgleich aber war Elisabeth sehr oft alleine in Ungarn. Kaiser Franz Joseph war in Wien unabkömmlich und Graf Andrássys Ehefrau weilte auf Besuch bei ihrer Familie in Paris. Die beiden konnten nun stundenlang und ungestört miteinander »verhandeln«. In Ungarn kochte die Gerüchteküche: Wenn Andrássy die Kaiserin besuche, erzählte man sich, stürme er sofort in ihr Schlafgemach, wo sie ihn schon sehnsuchtsvoll erwarte, reiße sich sein Tigerfell von der Schulter, schleudere es so schwungvoll auf den Parkettboden, dass das Gebiss des Tigers noch eine Weile nachklappere und stürze sich voller Leidenschaft auf die Kaiserin.

Wie gesagt, es war ein verregneter Mittwochnachmittag, als das Fräulein Amalie mir diese Geschichte erzählte. Anschließend schaute die alte Dame verträumt aus dem Fenster und sagte: »Das war eine Leidenschaft! So etwas müsste man noch erleben können. Aber so eine Leidenschaft gibt es ja heute nicht mehr!«

Königin der Ungarn

Elisabeths leidenschaftliche Verhandlungen und politisches Engagement führten dazu, dass Kaiser Franz Joseph zum König von Ungarn gekrönt wurde und Elisabeth zur Königin. Johann Mailáth, ihr ungarischer Geschichtslehrer während der Brautzeit, wäre stolz gewesen! Andrássy wurde dazu bestimmt, Franz Joseph zu krönen. Dass ausgerechnet ein ehemals vom Kaiser zum Tode verurteilter Revolutionär dazu ausersehen wurde, seinem Widersacher bei der Krönungszeremonie die ungarische Krone aufzusetzen und sie, nach altem Brauch, seiner geliebten Elisabeth über die rechte Schulter zu halten, scheint noch niemandem recht aufgefallen zu sein – außer meiner kichernden Nachbarin.

Andrássy hat dem Kaiserpaar – und recht eigentlich der verehrten Sisi – sogar ein Schloss geschenkt. Elisabeth hatte sich nämlich gleich vom ersten Augenblick an in das wunderhübsche Schloss Gödöllö verliebt und den Kaiser darum gebeten, es zu kaufen. Doch dem Gemahl war das Schloss zu teuer. Und so gut Freund wie seine Frau war er mit Ungarn sowieso nie gewesen. Dass jetzt ausgerechnet Andrássy, sein Rivale, dieses Schloss im Namen aller Ungarn als Krönungsgeschenk aussuchte, war für Franz Joseph mehr als peinlich. Aber immerhin zeigte sich seine Engels-Sisi nach einer Phase der Entfremdung jetzt wieder viel freundlicher und wünschte sich sogar noch ein Kind – sie wollte den Ungarn einen Thronfolger schenken. Gerade einmal zehn Monate nach der Krönung kam es in Ungarn auf die Welt. Elisabeth hat es ihr »ungarisches Kind« genannt. Es war jedoch kein Thronfolger, sondern ein Mädchen, das Marie Valerie genannt wurde. Bei diesem Kind wollte sie alles anders machen als bei ihren anderen Kindern. Sie wollte es selbst erziehen und überhaupt alles selbst bestimmen. Marie Valerie sollte hauptsächlich in

Ungarn aufwachsen und gleich von Anfang an in ungarischer Sprache erzogen werden. Endlich konnte sich Elisabeth gegenüber ihrer Schwiegermutter durchsetzen! Die Leute haben sich ihre Mäuler zerrissen und überall herumgetratscht, Graf Andrássy könne der Vater des Kindes sein. Fräulein Amalie hat dazu gesagt, die Tante Fanny habe vage angedeutet, dass die Kaiserin selbst nicht gewusst habe, von wem das Kind sei. Könnte sein! Nachweisen konnte man ihr aber nichts. Und schriftlich schon gleich überhaupt nichts.

Jeder hat natürlich ganz gespannt darauf gewartet, wie das »ungarische Kind« aussehen wird. Dass die kleine Marie Valerie dem Franz Joseph recht ähnlich sah und nicht dem Andrássy, war für alle eine große Erleichterung. Fräulein Amalie hat verschmitzt geschmunzelt: »Ein bisserl ein Glück braucht man halt auch im Leben!«

Marie Valerie selbst wurde sogar im Erwachsenenalter immer wieder mit dem Tratsch konfrontiert, Andrássy könne ihr Vater sein. Sie mochte aus diesem Grund Ungarn nicht recht gerne – ganz anders als ihre Mutter.

Reiten in Ungarn

Elisabeth hielt sich, so oft es nur ging, auf Schloss Gödöllö oder in Ofen, einem Stadtteil der ungarischen Hauptstadt, auf. Wenn irgendwo, dann fühlte sie sich hier zu Hause. Fräulein Amalie glaubt, dass Franz Joseph genau das befürchtet hatte und ihr deswegen das Schloss nicht kaufen wollte. Vor allem das Reiten in der ungarischen Puszta bereitete Sisi ungeheuere Freude. Und noch etwas gab es hier. Fräulein Amalie meinte mit verschwörerischem Unterton: »Ich sage dazu nur: Graf Andrássy war nicht der einzige Ungar, der ein glühender Verehrer der Kaiserin war!« In Ungarn konnte Sisi, was ihre Verehrer anging, aus dem Vollen schöpfen. »Die Kaiserin hat hier an jedem Finger zehn Verehrer hängen!«, sagte Hugo Feifalik einmal zu seiner Frau. Und damit hat er wohl recht gehabt. Elisabeth lud sehr viele ausgezeichnete Reiter zu Reiterfesten und -turnieren ein. Sie alle wollten ihre hervorragende Reitkunst beweisen und lechzten nach einem anerkennenden Blick der ungarischen Königin. Graf Nikolaus Esterházy, genannt Sport-Niki, der »schöne« Prinz Rudolf Liechtenstein und sogar der Sohn des hingerichteten Ministerpräsidenten Elemér Batthyány – alle haben sich beim Reiten schier überschlagen und fast den Hals gebrochen, nur um ihrer Königin zu gefallen. Der gesellschaftliche Rang ihrer Gäste war Elisabeth dabei aber ziemlich egal. Hauptsache, sie konnten gut reiten.

Die Kaiserin selbst war eine der besten Reiterinnen ihrer Zeit, eine der wenigen Frauen, die äußerst gefährliche Parforcejagden ritt. Egal, wie schwierig sich die Jagden gestalteten, Elisabeth war immer ganz vorne mit dabei. Die Magyaren waren hellauf begeistert von ihrer Königin und nahmen halsbrecherische Abenteuer in Kauf, ritten schneller und gefährlicher, nur um in der Gunst Elisabeths zu steigen. Gleich hat das Fräulein Amalie wieder parat gehabt, was die Frau eines belgischen Gesandten über Elisabeth schrieb: »Es soll großartig sein, sie an der Spitze aller Reiter und stets an den gefährlichsten Stellen zu sehen. Die Begeisterung der Magyaren kennt keine Grenzen mehr, sie brechen sich den Hals, um ihr näher zu folgen. Der junge Elemér Batthyány hat fast sein Leben gelassen, glücklicherweise ist nur sein Pferd getötet. In der Nähe ihrer schönen Königin werden die Ungarn derart royalistisch (…).«[16]

In Gödöllö geschah alles nach den Vorstellungen Elisabeths. Hier war sie unumschränkte Herrscherin. Der Wiener Hof war fern und sie fühlte sich frei. Unbeobachtet konnte sie ihre »Wolkenkraxeleien« ausleben und sie richtete sich nach dem Vorbild ihres Vaters sogar eine Zirkusmanege ein und übte Reiterkunststücke, die ihr die berühmtesten Kunstreiterinnen des Zirkus Renz beibrachten. Diese Liebhaberei Elisabeths betrachtete die adelige Gesellschaft selbstverständlich mit Staunen und Kopfschütteln. Emilie Loiset und Elise Petzold (auch als Elise Renz bekannt) waren zwei der wenigen Frauen, die Elisabeth auch zu den Parforcejagden einlud. Den feurigen ungarischen Reitern blieb der Mund offenstehen, wenn die drei Damen im Damensitz, angetan mit Reitkleid und Hut, mit halsbrecherischer Geschwindigkeit auf den Rücken ihrer Pferde durch die ungarische Puszta preschten und viel, viel Staub aufwirbelten. Auch in den Herzen der Esterházys, Liechtensteins und Batthyánys. Diese drei Amazonen mischten die Männergesellschaft ordentlich auf.

Allmählich hat auch der Kaiser eingesehen, dass er gegen die Reitleidenschaft seiner Gemahlin machtlos war. Bei einem Auftritt Elisabeths hat er zum Zirkusdirektor gesagt: »Also, die Rollen sind verteilt. Die Kaiserin tritt heute Abend als Kunstreiterin auf. Sie reiten die hohe Schule und ich mach euch den Stallmeister.«[17] Elisabeth ließ ihre Pferde im Tanzschritt gehen, auf den Hinterbeinen hüpfen oder sprang zu Pferd durch zwei Reifen, natürlich immer im Damensitz und im Reitkleid. Zusammen mit ihrer Nichte Marie Larisch-Wallersee hat Elisabeth ein ganz besonderes Abenteuer gewagt:

Als Männer verkleidet, in Hosen und im Männersitz, sind die beiden Frauen durch Wälder und Wiesen rund um Gödöllö geritten. Alles selbstverständlich streng geheim! Elisabeth dachte, dass von solchen Verrücktheiten niemand etwas mitbekommen würde. Aber natürlich wussten es alle. Nur dem Kaiser hat es sicherheitshalber dann doch keiner erzählt.

Überhaupt wurde die Kaiserin, was ihre Kleidung anging, immer freizügiger. Um besonders schlank auszusehen, ließ sie ihre Unterröcke weg und trug nur mehr »Beinkleider« – heute würde man Leggings dazu sagen. Die Fanny Angerer hat gesagt, die seien aus ganz feinem, zartem Wildleder gewesen. Was die Kaiserin damals unter ihren Röcken trug, ist heute hochmodern: Wildleder-Leggings! »Unten ohne«, also ohne Unterrock zu gehen, gehörte sich überhaupt nicht für eine Kaiserin. Im Sommer trug sie ihre Kleider auf der nackten Haut. Das war kein Problem, denn niemand konnte es nachprüfen.

Ein richtiger Skandal war allerdings, dass Elisabeth ihre Alltagskleider ein gutes Stück kürzen ließ, damit sie bei ihren Spaziergängen besser ausschreiten konnte. Knöchel zu zeigen, das war für eine Kaiserin selbstverständlich ein äußerst skandalöses Verhalten. Ihre Hofdamen getrauten sich so etwas nicht. Das Fräulein Amalie hat mir ein kleines Geheimnis verraten: »Auf den Schnappschüssen, die von der Ferne gemacht wurden, ist immer leicht zu erkennen, welche der ähnlich gekleideten Damen die Kaiserin ist: Man muss nur auf die Kleiderlänge schauen!«

Die Erzfeindin

Dabei war es nicht Elisabeth, die in Sachen Mode tonangebend war. Fräulein Amalie bekam ganz schmale Augen, als sie den Namen aussprach: »Das war die Metternich – Fürstin Pauline Metternich!« Sie war die Enkelin des Staatskanzlers Metternich, gehörte also zur Hocharistokratie und somit ganz sicher nicht zu Elisabeths Freundinnen. Im Gegenteil, sie kritisierte die Kaiserin ganz offen und trauerte der guten alten Zeit nach, als man am Wiener Hof noch nach allen Regeln der Kunst Konversation zu betreiben wusste. Eigentlich passte ihr nichts an der jungen Kaiserin, die im gleichen Alter war wie sie selber. An allem meckerte sie herum, am Benehmen, an der Kleidung und vor allem daran, dass Elisabeth durch ihre vielen Reisen die Pflichten am Wiener Hof vernachlässigte.

Pauline Metternich, von einigen wegen ihres bissigen Mundwerks auch »Mauline Petternich« oder »Stechmücke« genannt, lebte jahrelang als Frau des österreichischen Botschafters in Paris, wo sie sich zur »Grande Dame« der Gesellschaft entwickelte. Sie war eine enge Freundin der französischen Kaiserin Eugénie, die ebenfalls wegen ihrer außerordentlichen Schönheit großes Aufsehen erregte. Natürlich fand die Metternich Kaiserin Eugénie viel schöner und sympathischer als Elisabeth. Als Pauline das erste Mal als Botschaftergattin an den französischen Hof geladen war, fuhren drei Galakarossen bei der österreichischen Botschaft vor, um sie abzuholen. Pauline war entzückt, als sie von Palastdamen, Zeremonienmeistern und gepuderten Lakaien in eine Glaskutsche mit sechs prächtig herausgeputzten Pferden geleitet wurde. In großer Galakleidung fuhr also die Fürstin wie eine Märchenprinzessin am staunenden Volk vorüber. Ihr bereitete es allergrößtes Vergnügen. Daran allein kann man erkennen, dass Pauline und Elisabeth so verschieden waren, wie man nur sein kann. Pauline Metternich hat überhaupt nicht verstanden, dass solche Anlässe jemandem eine Last sein könnten. Zwar hat sie bei dieser Jubelfahrt eine schwere Angina erwischt, weil laut Protokoll für solche Staatsauftritte bei Damen »großes Dekolleté« Pflicht war. Das heißt, sie musste trotz der winterlichen Temperaturen schulterfrei, ohne Mantel und ohne Kopfbedeckung in einer unbeheizten Glaskarosse sitzen. Für so einen fabelhaften Auftritt hätte sie jedoch jederzeit wieder eine schwere Krankheit in Kauf genommen. Das hat sie sogar dem französischen Kaiser Napoleon III. höchstpersönlich gesagt!

Paulines Familienverhältnisse waren verzwickt. Fräulein Amalie hat fast einen ganzen Nachmittag gebraucht, um sie mir zu erklären. Ich versuche es in aller Kürze: Pauline heiratete ihren Onkel, den Halbbruder ihrer Mutter. Paulines Großvater, Fürst Clemens von Metternich, hatte eine Tochter aus erster Ehe, Leontine. Sie war Paulines Mutter. Den Sohn Richard aus der zweiten Ehe des Großvaters hat Pauline geheiratet. Durch die Heirat wurde Pauline also die Schwiegertochter ihres Großvaters und die Schwägerin ihrer Mutter. Fräulein Amalie und ich mussten herzhaft lachen, als ich das endlich verstanden hatte. Doch dann sagte sie in verschwörerischem Ton: »Dass aber eines klar ist: Wir mögen die Stechmücke nicht!«

Nein, wir mögen Pauline Metternich nicht, weil sie oft genug versucht hat, der Kaiserin das Leben schwer zu machen. In Paris hat es die sehr redegewandte, aber nicht recht hübsche Fürstin Metternich verstanden, einen glanzvollen Salon zu führen und die österreichische Botschaft zum Zentrum der Gesellschaft zu machen. Selbst in Paris war sie ganz vorne mit dabei, wenn es darum ging, zu bestimmen, was in Sachen Mode angesagt war. Was die Fürstin trug, war »Dernier Cri«, der letzte Schrei. Im Gegensatz zu Sisi, die eher eine schlichte Eleganz bevorzugte, war Pauline so aufgedonnert wie möglich. Vielleicht bekam sie deswegen den Spitznamen »die schöne Hässliche« und wurde als »Seidenäffchen mit sechsunddreißig Volants« bezeichnet, weil sie lange Zeit weit ausladende

Reifröcke mit vielen übereinander geschichteten Tüllvolants trug. Das war natürlich ein großer Gegensatz zu Elisabeth, die extra ihre Unterröcke weggelassen hatte, um ihre schlanke, schmale Linie zu betonen.

Als Pauline Metternich aus Paris zurückgekehrt war, riss sie auch in Wien die Funktion der ersten Dame der Gesellschaft an sich. Das wäre eigentlich Elisabeths Aufgabe gewesen. Die Fürstin organisierte riesige Wohltätigkeitsveranstaltungen und Bälle. Vor allem aber war sie auch in Wien die wahre Trendsetterin in modischer Hinsicht. Was sie trug, wurde die Farbe der Saison, die Hutform der Saison, der Stoff oder das Muster der Saison. Es gab ja noch keine Modejournale oder Modeschauen, also richtete man sich danach, was die ersten Damen der Gesellschaft trugen. In Paris war das Kaiserin Eugénie und in Wien eben nicht Kaiserin Elisabeth, sondern Pauline Metternich.

Sisi hasste die überaus wichtigtuerische Fürstin abgrundtief. Sie machte sich lustig über den überladenen Stil der Metternich, die vielen Rüschen und die grelle Schminke. Auch was das Schminken anging, war Sisi das genaue Gegenteil der aufgedonnerten Fürstin: Elisabeth schminkte sich nur sehr zurückhaltend. Sie setzte mit ihrer klaren Haut, den prachtvollen Haaren und ihrem schlanken, anmutigen Körper auf natürliche Schönheit.

Fräulein Amalie erzählte mir, dass Elisabeth sogar ein Gedicht über die Feindin geschrieben hat, als sich die beiden beim »Ball der Industrie« zum ersten Mal begegnet waren. Es war keine Überraschung mehr, dass dieses Gedicht auf dem kleinen Zimmersekretär meiner Nachbarin schon bereitlag. Sie setzte ihre Brille auf und fing an vorzulesen:

2. Februar

Ich hab' ein Bild heut' heimgetragen
Vom Ball der Wiener Industrie;
Wie sah's wohl aus, wird man mich fragen;
Was antworte ich auf das Wie?

Sie stand im weiten Kreis der Damen;
Auch sie war Lady Patroness,
Beleuchtet von des Gases Flammen
Die Lauteste in dem Kongress.

Das Haupt besetzt mit Diamanten,
Von stolzem Federschmuck umwallt;
In reichen Stoff aus fernen Landen
Den allzu üpp'gen Leib geschnallt.

Ihr Antlitz, wie soll ich's beschreiben?
Als würden hundert Affen drin
Ihr tolles Wesen höhnend treiben,
So war's, als es vor mir erschien.

Mit weißer Farb' war's überzogen,
Und unter keck geschwärzten Brau'n
Da war, mir freundlich nicht gewogen,
Ein boshaft Augenpaar zu schau'n.

Doch ihren Mund nun auszumalen,
Wo nehme ich die Farben her?
Zu Rosen, Kirschen, solch banalen
Vergleichen greif' ich nimmermehr.

Ein solches Rot schmückt keine Blume,
Und auch kein Obst nannt's jemals sein;
Nicht heut' und nicht im Altertume
Gab's einen zweiten solchen Schein.

Zwei Zoll breit sind die Wunderlippen
Mit diesem Purpur angethan …
Und glaubt ihr, dass ich übertrieben,
So geht, und schaut sie selber an.

Recht sympathisch können sich die beiden Damen wirklich nicht gewesen sein. Pauline Metternich hat es wohl sehr gewurmt, dass sich der Ruf einer märchenhaft schönen Kaiserin, den Sisi weltweit genoss, ganz unabhängig von ihrer Meinung verbreitete. Die einfachen Menschen und die ausländischen Gesandten waren fasziniert von Elisabeths Schönheit – ganz egal, wie sehr Pauline Metternich die »provinzielle« Kaiserin kritisierte. Sisis zeitlose Schönheit überstrahlte die Damen der Wiener Gesellschaft. Keine konnte ihr mehr das Wasser reichen. Aktuelle Modetrends spielten bei Elisabeth, im Unterschied zur Fürstin, eine sehr untergeordnete Rolle. Pauline dagegen bildete sich recht viel darauf ein, in Paris den Schneider und Modeschöpfer Charles Frederic Worth entdeckt zu haben. Sie trug eines seiner ersten Modelle am französischen Hof. Dadurch interessierte sich bald auch Kaiserin Eugénie für ihn. Das war der Durchbruch des Modeschöpfers – er war ein gemachter Mann! Die ganze Welt orientierte sich in Sachen Mode sowieso immer an Paris. Worths Modelle waren bei den ersten Damen der Gesellschaft aber plötzlich so gefragt, dass der Couturier mit der Anfertigung der Kleider fast nicht mehr hinterher kam. In seiner Not hat er sich etwas einfallen lassen, das die ganze Schneiderwelt revolutionieren sollte: Als erster machte er Schnittmuster aus Papier. Die Kleider konnten jetzt viel schneller produziert werden. Richtig berühmt gemacht hat Charles Frederic Worth aber das Kleid der Kaiserin Elisabeth. Er hat das berühmte, mit Goldsternen bestickte weiße Tüllkleid entworfen, das Sisi auf Franz Xaver Winterhalters Gemälde trägt. Damit hat sich Elisabeth sogar den Ruf einer Mode-Ikone erworben. Sehr zum Ärger Pauline Metternichs, die sich übrigens schon einige Jahre vor Elisabeth in einem Worth-Kleid von dem umschwärmten Maler Winterhalter porträtieren hat lassen. Ihr Gemälde ist allerdings in Vergessenheit geraten. Fräulein Amalie kicherte schadenfroh. Winterhalter war von Sisis Schönheit so begeistert, dass er sogar drei Porträts angefertigt hat. Eines schöner als das andere!

Schönheitengalerie

Elisabeth hatte während ihres Erholungsaufenthaltes in Venedig zu ihrem Zeitvertreib angefangen, Fotografien zu sammeln. Das war damals der neueste Schrei. Die Fotografie war noch ganz jung und in adeligen Kreisen sehr beliebt. Die noblen Herren und Damen haben sich sogenannte Visitbilder machen lassen, also Visitenkarten mit ihrer Fotografie vorne darauf. Bei jedem Besuch wurde ein solches Visitbild abgegeben und bald gab es auch die passenden Alben dazu, in die man diese stecken konnte. Eigentlich waren das die ersten Sammelalben. Jede vornehme Familie hatte ein Visitbuch und konnte damit angeben, wer schon aller auf Besuch bei ihr gewesen war. Die Visitbildchen wurden manchmal hin und her getauscht. Wenn jemand öfter auf Besuch kam, dann konnte es vorkommen, dass eine Familie von einer Person schon mehrere gleiche Bilder hatte. Die konnten gegen eines eingetauscht werden, das man noch nicht besaß. Genauso machen es heute unsere Kinder mit ihren Stickeralben! Sisi selbst hatte von sich viele verschiedene Visitbilder und sie gehörten zu den wertvollsten in den Sammelalben vieler Familien.

Fräulein Amalie glaubt, dass Elisabeth eine der ersten Frauen war, die ein Fotoalbum hatten. Das kann gut möglich sein. Es gab ja noch nicht recht viele. Am Anfang sammelte Elisabeth nur Fotos von Familienmitgliedern, doch dann kamen immer mehr andere Personen dazu und irgendwann hatte sie die Idee, ein Schönheitenalbum anzulegen. Sisi nahm sich dabei die Schönheitengalerie ihres Onkels, König Ludwigs I. von Bayern, zum Vorbild. Genauso wie ihm war ihr die Herkunft der Damen nicht wichtig. Hauptsache sie waren schön. Überall hat sie nun um die Zusendung von Fotografien gebeten. Auch den Schwager, Ludwig Viktor, hat Elisabeth in einem Brief um Bilder gebeten: »Ich lege mir nämlich ein Schönheiten-Album an und sammele nun Photographien, nur weibliche, dazu. Was Du für hübsche Gesichter auftreiben kannst beim Angerer und anderen Photographen, bitte ich Dich mir zu schicken.«[18] Ludwig Viktor schickte seiner Schwägerin daraufhin eine ganz besondere Fotografie. Abgebildet war er selbst – in Frauenkleidern! Der Bruder des Kaisers war in einem wunderschönen weißen Kleid mit ausladendem Reifrock zu sehen. Auch seine Frisur war eine »Damenfrisur«, in schöne Wellen gelegt. Im Haar trug er eine weiße Schleife und in der Hand hielt er einen Blumenstrauß. Wie eine jungfräuliche Braut hat er ausgesehen. Sisi musste herzlich über die Fotografie lachen, doch der Kaiser war entsetzt. Er hat seiner Frau nicht gerade viele Dinge ausdrücklich verboten. Allzu viele »Wolkenkraxeleien« hat er, wenn auch grummelnd, in Kauf genommen. Aber in diesem Fall hat der Kaiser Elisabeth ausdrücklich verboten, diese Fotografie in ihr Album aufzunehmen. Er hat befohlen, diese sofort zu verbrennen. Elisabeth hat sie jedoch heimlich aufbewahrt. Das Foto gibt es immer noch. Fräulein Angerer hat mir eine Kopie gezeigt. Keine Ahnung, wo sie die ausgegraben hatte!

Ludwig Viktor war in Wien wegen seiner homosexuellen Neigungen schon ein paar Mal auffällig geworden. Dem Fass den Boden ausgeschlagen hat der Erzherzog aber, als er bei einem seiner beliebten Badeausflüge im Wiener Centralbad einem Offizier zu nahe kam. Dieser Offizier hat den Erzherzog in entsetzter Reaktion geohrfeigt! Es war ein Skandal sondergleichen. Der Bruder des Kaisers war damit bei offiziellen Auftritten untragbar geworden. Er wurde nach Schloss Kleßheim bei Salzburg ins Exil geschickt.

Das Centralbad heißt heute Kaiserbründl und ist eine reine Herrensauna und in der einschlägigen Szene sehr beliebt. Das Fräulein Amalie hat geschmunzelt und gesagt: »Kinderl, in diesem Falle kann ich nicht einmal sagen: Gehen Sie, und schauen Sie sich das an!« Manchmal wundere ich mich schon, was das Fräulein Amalie alles weiß! Aber das ist eine andere Geschichte.

Für Sisi war es mitunter schwer, an Bilder zu kommen, weil sie mit ihrer Bitte oft völlig missverstanden wurde. Der Auftrag an alle Diplomaten im Ausland, der Kaiserin Fotos schöner Frauen zu schicken, brachte Sisi sogar in den Verdacht, lesbische Neigungen zu haben. Auch der eine oder andere brave Ministerialbeamte wurde verdächtigt, die Fotos für seine eigenen Bedürfnisse anzufordern und nicht für die Kaiserin. Jeder Botschafter machte sich auf den Wunsch der Kaiserin seinen eigenen Reim: Aus London, Berlin und St. Petersburg kamen wunderschöne, künstlerisch gestaltete Bilder von Damen der allerbesten Gesellschaft, die sich in herrlichen Kleidern nach der neuesten Mode präsentierten. Die Bilder aus Konstantinopel zeigten Frauen von fragwürdiger Herkunft und Schönheit, denn eine Dame aus höherer Gesellschaft hätte sich niemals ablichten lassen. Fotos aus Paris schickte die Erzfeindin Pauline Metternich. Sie war damals noch als Frau des Botschafters in Paris. Natürlich sandte sie keine Fotos der Kaiserin Eugénie, die eine gefeierte Schönheit war, sondern Dutzende Visitfotos von leicht bekleideten Zirkusreiterinnen, Akrobatinnen und Tänzerinnen in verführerischer Pose. Ganz geschickt und böse wollte die Metternich damit auf die zu wenig vornehme Herkunft der Kaiserin und ihren Vater anspielen, der gerne als Zirkusartist auftrat, meinte das Fräulein Amalie. »Dabei darf die Metternich ihren Mund gar nicht so weit aufreißen!«, schimpfte sie. Paulines Vater war nämlich einer der tollkühnsten Reiter und Kutschenfahrer Wiens. Schon hatte Fräulein Amalie ein Büchlein gezückt und las mir vor: »Die Kunststücke, die er mit seinem Vierer- oder Fünferzug vollführte, waren unübertroffen. Seine ›Heldentaten‹ drangen weit über Österreich hinaus und trugen seinen Ruf in alle Welt. Er ritt über den Eisstoß der Donau, setzte mit einem jungen Rappen ein Kindermädchen mit zwei Kindern über und nahm die Wette eines Bauern an, von Matzleinsdorf zur ›Stadt Wien‹ in Baden in siebenundfünfzig Minuten zu fahren.«[19] Über seine verwegenen Kunststücke gibt es sogar ein illustriertes Album. Das schnelle Reiten und Kutschen-

Schnellfahren war damals sehr beliebt bei jungen Leuten. Die »Verkehrssünder« mussten hohe Strafen zahlen, wenn sie erwischt wurden. Wie allerdings eine Geschwindigkeitsüberschreitung für Pferd und Kutsche festgestellt wurde, wusste das Fräulein Amalie auch nicht. Aber sie dachte sich, dass sich die beiden Väter der Feindinnen bestimmt gut verstanden hätten – bei den ähnlichen Interessen. Pauline Metternich hat wider Willen dazu beigetragen, dass das Schönheitenalbum Kaiserin Elisabeths heute historisch bedeutsame und seltene Aufnahmen von Künstlern enthält. Viele dieser Aufnahmen kann man mittlerweile in Ausstellungen bewundern, sie sind digitalisiert und vervielfältigt. Gehen Sie, und schauen Sie sich das an! Ein Bild allerdings kann man nicht in Augenschein nehmen: Erzherzog Ludwig Viktor in Frauenkleidern.

Weltausstellung mit Schah

Im Jahr der Weltausstellung war die Schönheit der Kaiserin in aller Munde und Gäste aus aller Welt strömten nach Wien, um Elisabeth mit eigenen Augen zu sehen. Die Weltausstellung 1873 bedeutete nicht nur ein riesiges Ereignis, sondern auch eine gewaltige Repräsentationsaufgabe für Sisi. Aber auch der Kaiser war nervös, denn es wurden viele Tausende sehr hochstehende Gäste erwartet, die standesgemäß untergebracht werden mussten. Streitigkeiten darüber, wer den höheren Rang hatte und eine bessere Unterkunft als die angebotene verdient hätte, waren vorprogrammiert.

Gleich der erste Empfang wäre fast schiefgegangen: Franz Joseph und Elisabeth sollten das deutsche Kronprinzenpaar im Prater feierlich und nach Protokoll begrüßen. Das war sowieso eine sehr heikle Sache, weil Kronprinz Friedrich Wilhelm in der Schlacht von Königsgrätz gegen den Kaiser gekämpft hatte, die beiden also alte Feinde waren. Der Kaiser wollte den Kronprinzen deswegen mit besonderer Freundlichkeit empfangen und sich nichts anmerken lassen. Doch gerade als man sich zur Abfahrt in den Prater versammelt hatte, um auf jeden Fall vor dem Kronprinzenpaar anwesend zu sein, kam eine Eilmeldung, dass die Kutsche der Gäste zu früh losgefahren sei und es keine Möglichkeit mehr gab, vor ihnen anzukommen. Der Kaiser, sowieso schon angespannt und nervös, schrie zornig: »Das ist doch unglaublich, dass so etwas geschehen kann! Ich habe befohlen, dass der Kronprinz nach mir ankommen solle, und nun passiert so eine Schweinerei, dass er ankommt und ich nicht da bin!« Er wollte gerade auf den Oberststallmeister Graf Grünne losgehen, der das Malheur zu verantworten hatte, da legte die Kaiserin ihm besänftigend ihre Hand auf den Arm und gab ihm mit liebem, bittendem Blick zu verstehen, dass Eile geboten war. Die Berührung Elisabeths hatte die Wirkung eines Zauberstabs: Der Kaiser war wie verwandelt, blickte seine Frau verliebt und dankend an und stieg in die Kutsche. Schließlich ist doch noch alles gut ausgegangen, denn auf einer kleinen Ausweichstelle unter der Eisenbahnbrücke blieben die Kutschen mit den Kronprinzen und seinem Gefolge stehen und warteten, bis der Kaiser vorübergefahren war. Das Kronprinzenpaar schaute dabei demonstrativ in die andere Richtung, und tat so, als hätte es niemanden gesehen. Das war eine Aufregung! Der restliche Ablauf des Tages hat dann wie am Schnürchen geklappt: Begrüßung, Kaiserhymne, Festreden und stundenlange Besichtigung der Ausstellung.

Die nächsten Tage folgten große Bälle und Veranstaltungen jeder Art. Fanny Feifalik arbeitete im Akkord und produzierte eine Traumfrisur nach der anderen für Elisabeth. Kaum war Kronprinz Friedrich Wilhelm abgereist, kam der Fürst von Montenegro mit seiner Frau. Der hinterließ bei der Hofdame Marie Festetics großen Eindruck. Sie hat in ihr Tagebuch geschrieben, dass er aussah wie ein schöner Räuberhauptmann. Als der russische Zar Alexander mit mächtigem Pomp und einem Gefolge von siebzig Leuten in Wien eintraf, war Elisabeth schon sehr routiniert und hielt das Protokoll genauestens ein: Nach einer leichten Verbeugung reichte sie als Kaiserin dem Zaren die Hand zum Kusse, für die Großfürstin gab es eine Umarmung und einen Kuss, dem Großfürsten gebührte wieder ihre Hand zum Kusse, für die Damen der Begleitung genügte ein leichtes Kopfnicken. Das übrige Gefolge brauchte sie nicht grüßen. Der nächste Besuch, Kronprinz Edward aus England, war zwar sehr beliebt bei den Wiener Damen, aber gefürchtet bei öffentlichen Auftritten. Er kam ständig überall zu spät und hat sich um das Protokoll keinen Deut geschert. Fräulein Amalie schüttelte den Kopf über diesen »verrückten Kerl«, der bei einem Ball einfach mit einem Stuhl ein Fenster eingeschlagen hat. Es war ihm zu heiß und zu stickig. Er brauchte frische Luft!

Elisabeth begrüßte noch die deutsche Kaiserin Augusta und die spanische Königin Isabella, dann hatte sie genug vom

Repräsentieren und fuhr zur Erholung nach Payerbach bei Reichenau. Fräulein Amalie hat mich an einem schönen Frühlingstag sogar einmal dahin eingeladen. Sie hat für den Ausflug ihren grün-schillernden Seidenmantel angezogen und einen passenden Hut getragen. Wir sind mit dem Zug (ungefähr eine Stunde) hingefahren und haben unseren Mittwochskaffee in die dortige Konditorei verlegt. Es gibt da noch immer den nach einem Originalrezept gebackenen Lieblingszwieback von Sisi zu kaufen. Fräulein Amalie hat sich davon einen größeren Vorrat mit nach Hause genommen. Sie schmunzelte recht vergnügt vor sich hin, als wir auf der Terrasse des Cafés saßen und ich wusste, es war ihr wieder etwas eingefallen: »Meine Tante Fanny war ja damals mit dabei in Payerbach, als sich die Sisi von der Weltausstellung erholen wollte. Sie wurde gebraucht zum Haare frisieren …« Weiter sagte sie nichts und ich musste ein wenig nachstochern, um herauszufinden, an was sie gerade gedacht hatte: Niemanden war es damals aufgefallen, dass sich zur selben Zeit wie die Kaiserin auch Graf Andrássy in Payerbach aufhielt. Alle waren dermaßen mit der Weltausstellung und deren aufregenden Gästen beschäftigt, dass es keinem eingefallen wäre, sich über die Aktivitäten der Kaiserin Gedanken zu machen. Elisabeth und Andrássy nutzten das aus und machten zusammen sehr ausgedehnte Reitausflüge. Aber morgens ging die Kaiserin ganz alleine im Morgenmantel, mit offenen Haaren und das Angelzeug in der Hand, zum nahegelegenen Fischweiher in dem hübsch angelegten Park. Das Angeln hat sie ja von ihrem Vater gelernt und mit großer Leidenschaft betrieben, wenn sich die Gelegenheit geboten hat. Den frischen Fang gab es gleich zum Abendessen, zu dem Sisi sich Besuch eingeladen hatte. Fräulein Amalie wusste auch wen: »Und am Abend, wenn Andrássy die Elisabeth besucht hat …«, sie musste schmunzeln, »… kam er diesmal ohne Tigerfell!«

Recht lange dauerte die Idylle in Payerbach aber nicht. Andrássy musste nach Wien reisen und sich bei den wichtigen Gästen der Weltausstellung sehen lassen. Auch er hatte Verpflichtungen. Sisi hatte eigentlich schon genug von der Weltausstellung und den Repräsentationspflichten und wollte sich in Wien erst wieder zeigen, wenn alles vorbei war. Die fürstlichen und königlichen Besucher mussten mit dem pflichtbewusst-ausdauernden Kaiser vorlieb nehmen und waren oft sehr enttäuscht, die weltberühmte schöne Kaiserin nicht zu Gesicht zu bekommen. Es gab aber einen, der wollte einfach nicht abreisen, bevor er nicht mit der Schönsten der Schönen Bekanntschaft gemacht hatte: Es war Schah Naser ad-Din von Persien.

Den Leuten blieb bei seiner Ankunft in Wien der Mund vor Staunen offen stehen. Denn der Schah kam mit riesengroßem, orientalisch gekleidetem Gefolge und Haremsdamen. Alle seine Damen hatte er freilich nicht dabei. Insgesamt war er nämlich mit fünfundzwanzig Frauen verheiratet, er hatte vierzehn Söhne und eine nicht bekannte Anzahl von Töchtern. Zur Verblüffung aller führte er eine Hammelherde, Dutzende Pferde und vier Gazellen mit sich. Die Gazellen wollte er Elisabeth schenken, denn es hatte sich bis Persien herumgesprochen, wie tierlieb die Kaiserin war. Der Schah wohnte im Schloss Laxenburg, welches nach den sehr besonderen Wünschen des Schahs wochenlang umgebaut worden war. So wurden in den schönen Parkettboden kleine runde Feuerstellen eingelassen, um die man sitzen konnte und orientalische Wasserpfeifen rauchen. Als weitere Besonderheit benötigte der Schah direkt in den Prunkräumen des Schlosses eine Küche mit offenem Feuer und einen Schlachtraum. Denn nach persischer Tradition wurde jeden Tag ein Hammel geschlachtet. Naser ad-Din musste bei dieser Schlachtung anwesend sein und seinen Segen geben. In aller Eile wurde noch ein Hühnerstall eingerichtet, weil der Schah jeden Morgen zur Begrüßung der Sonne drei Hühnern eigenhändig den Kragen umdrehte.

Die Wiener empfanden diesen Besuch aus dem Morgenland natürlich äußerst exotisch. Der Schah war bisher noch nie in Europa gewesen. Für ihn war es umgekehrt: Er fand ganz Wien exotisch. Allerdings sollten alle nach seiner Pfeife tanzen, wie er es von zu Hause gewöhnt war. Die Zeitungen hatten ziemlich viel zu berichten über diesen ungewöhnlichen Besuch. Weil sein Name den meisten zu kompliziert war, wurde der Schah in den Zeitungen »Mittelpunkt des Weltalls« bezeichnet. Als solcher sah er sich auch. Fräulein Amalie hatte sich für die Schah-Naser-ad-Din-Kaffeestunde ein Büchlein von Joseph Roth zurechtgelegt: »So ungefähr muss es gewesen sein, als der Schah von Kaiser Franz Joseph empfangen wurde«, sagte sie, setzte ihre goldene Brille auf und fing an, aus dem Buch »Die Geschichte von der 1002. Nacht« vorzulesen:

»Alles blickte auf. Durch die von unsichtbaren Händen aufgerissenen Flügel der weißen, goldumrahmten Doppeltür kamen die Majestäten. Am entgegengesetzten Ende intonierte die Hofkapelle die persische Hymne. Der Schah grüßte nach orientalischer Art, die Hand an Stirn und Brust führend. Die Damen vollführten den Hofknicks, und die Herren verbeugten sich tief. Wie durch ein Feld geknickter Ähren schritten die Majestäten, der Gast und der Gastgeber. Beide lächelten, wie es die Überlieferung befiehlt. Sie lächelten nach rechts und links, obwohl kein Mensch ihre Freundlichkeit sehen konnte. Sie lächelten blonden und schwarzen Damenfrisuren zu, blanken Männerglatzen und straff gestriegelten Scheiteln.
Dreihundertzweiundvierzig Wachskerzen in silbernen Kandelabern erleuchteten und erhitzten den Saal. Der große, kristallene Kronleuchter, der in der Mitte hing, trug nicht weniger als achtundvierzig. Die Kerzenflämmchen spiegelten sich tausendfältig in dem blanken Tanz-Oval des Parketts, so dass es aussah, als wäre der Boden gleichsam von unten her beleuchtet. Der Kaiser und der Schah saßen auf einer scharlachrot überkleideten Etage, in zwei breiten Stühlen aus spiegelndem Ebenholz, die aussahen wie geschnitzt aus schwarzer Nacht. (...) Neben dem Schah stand der Großwesir, in schwarzer Uniform. Sein schwarzer Schnurrbart hing fürchterlich majestätisch, wuchtig und schwer über seinem

Mund. Er lächelte von Zeit zu Zeit in regelmäßigen Abständen und so, als dirigierte irgendeine fremde Macht seine Gesichtsmuskeln. Dem Rang und der Würde nach wurden die Damen und Herren der persischen Majestät vorgestellt. Er sah die Frauen genau an, mit seinen kindischen, glühenden Augen, in denen alles enthalten war, was seine einfache Seele zu vergeben hatte: die Gier und die Neugier, die Eitelkeit und die Lüsternheit, die Lieblichkeit und die Grausamkeit, die Kleinlichkeit und die Majestät trotz allem auch. Die Damen spürten den gierigen, den neugierigen Blick, den lüsternen, den eitlen, den grausamen und majestätischen Blick des Schahs von Persien. Sie erschauerten leicht.«[20]

Die Damen hatten auch guten Grund zu erschauern, denn es hatte sich herumgesprochen, dass der Schah nicht nur auf die Weltausstellung sehr neugierig war, sondern eben auch auf die fremdartigen europäischen Frauen, die so ganz anders waren und sich auch völlig anders benahmen als in seiner Heimat. Natürlich hatte der Schah bei seinem Aufenthalt in Wien ausführlichen Kontakt zum weiblichen Geschlecht. Die Zeitungen überschlugen sich geradezu vor Berichten über die jeweilige Damenauswahl. Das Neue Wiener Tagblatt gab schließlich seinen Lesern den Rat, dem Oberzeremonienmeister des Schahs keine Fotografien mehr zu schicken, denn »der Mittelpunkt des Weltalls« könne ja nicht »sämtliche unversorgte Töchter schlechter Eltern beglücken«.[21]

Für den Kaiser, so kann man sagen, war der Besuch des Schahs der schwierigste überhaupt. Der »Mittelpunkt des Weltalls« erschien so gut wie nie pünktlich. Zur Führung durch die Weltausstellung kam er vier Stunden später als vereinbart. Der Kaiser samt Gefolge und Musikanten stand ratlos herum, was für sich genommen schon wieder ein Skandal war. Als der Schah dann endlich erschien, erklärte er dem Kaiser, sein Astrologe habe den Zeitpunkt der Führung für nicht günstig angesehen und ihm geraten, noch ein paar Stunden zu warten. Während der Führung, die Kaiser Franz Joseph höchstpersönlich durchführte, ließ sich der Schah eine Teekanne mit Wein und seinen Säbel auf einem Tablett nachtragen. Immer wenn er Durst verspürte, wurde ihm Wein gereicht. Naser ad-Din hatte überhaupt kein Verständnis dafür, dass die Kaiserin nicht anwesend war, wo doch er, der Schah von Persien, sie sehen wollte! Ohne den Kaiser zu informieren, machte es sich Naser ad-Din im persischen Pavillon der Weltausstellung gemütlich. Hier fühlte er sich heimisch. Dann bat er ausgerechnet Graf Andrássy, ihm Elisabeth zu beschreiben. Der Graf war sehr überrascht, fing recht stockend an zu erzählen, redete sich aber warm und schwärmte bald von der Kaiserin, dass sich die Balken bogen. Die Blicke des Schahs und des Grafen kreuzten sich. Naser ad-Din hatte verstanden, dass ein verliebter Mann gesprochen hatte. Als der Kaiser schließlich seine Führung fortsetzte, drängte sich ein sogenanntes leichtes Mädchen zum Schah. Der blieb belustigt stehen, begutachtete sie aufmerksam durch seine Brille, zwickte sie lachend in die Arme. Im »Wiener Tagblatt« stand geschrieben, er »betastete ihr den Busen und nickte dann, mit der Zunge die Lippen befeuchtend, wie immer, wenn ihm etwas gefiel«. Das Mädchen wurde vom Gefolge des Schahs aufgenommen und mitgeführt, während der arme Kaiser verzweifelt in eine andere Richtung schaute. Er versuchte, so zu tun, als hätte er gar nicht gemerkt, was vorgefallen war.

Mit leichten Mädchen umzugehen, war für den Schah nicht besonders schwierig. Aber die ersten Damen der Wiener Gesellschaft stellten für ihn eine riesige Herausforderung dar. Wenn diese bei großen Empfängen in rauschenden Galakleidern mit dem vorgeschriebenen großen Dekolleté erschienen, starrte der Schah sie mit unverhohlener Neugier und Lüsternheit an, wie das Fräulein Amalie ja schon vorgelesen hat. Der Schah hatte so seine Schwierigkeiten damit, zu begreifen, dass die ersten Damen der Gesellschaft trotz freizügiger Kleidung nur zum Anschauen da waren und nicht zum Grapschen. Fräulein Amalie las mir noch ein Stück aus dem Roman von Joseph Roth vor, das dieses Problem auf den Punkt bringt:

»Ihm waren bis jetzt nur nackte und verhüllte Frauen bekannt gewesen: Körper und Gewänder. Zum erstenmal sah er Verhüllung und Nacktheit auf einmal. Ein Kleid, das gleichsam von selbst fallen zu wollen schien und das dennoch am Körper haftenblieb: es glich einer unverschlossenen Tür, die dennoch nicht aufgeht. Wenn die Frauen den Hofknicks vollführten, erhaschte der Schah im Bruchteil einer Sekunde den Ansatz der Brust, hierauf den hellen Schimmer des Flaums über dem weißen Nacken. Und der Augenblick, in dem die Damen mit beiden Händen die Schöße hoben, bevor sie ein Knie zurückstreckten, hatte für ihn etwas unnennbar Keusches und zugleich unsagbar Sündhaftes, es war ein Versprechen, das man nicht zu halten gedachte. Lauter unverschlossene Türen, die man nicht öffnen kann, dachte der Herr von Persien, der mächtige Besitzer des Harems. Jede also halboffene und gleichzeitig abgesperrte Frau, jede einzelne war lockender als ein ganzer Harem. (…)«[22]

Was soll man da noch sagen? Die ganze Wiener Gesellschaft war in hellem Aufruhr, versteckte ihre Frauen und sehnte ganz heimlich die Abreise des »Mittelpunkts des Weltalls« herbei. Der Schah aber wollte nicht abreisen. Er wollte unbedingt die Krone der Frauenschöpfung kennenlernen, die Schönste der Schönen. Und die war nun mal Kaiserin Elisabeth von Österreich, wie alle erzählten. Und er, der Schah, wollte wissen, ob das stimmte. Elisabeth hasste es aber, als Schaustück behandelt zu werden und weigerte sich, zu erscheinen. Jetzt war die Not groß. Nachdem der Schah Elisabeth noch immer nicht zu Gesicht bekommen hatte, machte er auch keine Anstalten abzureisen, obwohl der Tag der geplanten Abreise näherrückte. Endlich war der Tag der Abschiedssoiree gekommen. Doch der Schah ließ melden, dass er sich »unwohl« fühle. Er zeigte kein Interesse, zu erscheinen und die Befürchtung, er würde seinen Aufenthalt unbefristet verlängern, war groß.
    Auf Druck von allen Seiten entschloss sich die Kaiserin nun doch dazu, zur Abschiedssoiree aus Payerbach anzurei-

sen. Jetzt ging alles schnell: Der Schah fühlte sich flugs nicht mehr unwohl und Elisabeth erschien in märchenhaft schöner Abendtoilette im weißen Schleppenkleid mit Silbertüll und einer lila Samttunique. Sie wirkte zerbrechlich wie eine Porzellanpuppe. Als wäre das nicht schon genug, betonte ein silberbestickter lila Samtgürtel die überschlanke Taille. Zahllose Diamanten und Amethysten funkelten in den Haarfluten, die in offenen Wellen bis weit über jene Porzellantaille fielen. Die Hofdame Festetics war so begeistert von der Erscheinung der Kaiserin, dass sie in ihr Tagebuch schrieb: »Ich glaube selbst, so schön hatte ich sie noch nie gesehen.« Der Schah aber blieb ganz überrascht vor Elisabeth stehen und staunte mit offenem Mund. In Zeitlupe setzte er seine goldene Brille auf, trat ganz nahe zu ihr hin und betrachtete die vielgepriesene Wunderkaiserin ganz genau, vom obersten Lockerl bis zur untersten Schuhspitze. Anschließend stellte er fest, dass Elisabeth tatsächlich die schönste Frau sei, die er jemals gesehen hatte. Und das will was heißen bei diesem Schah mit seinen fünfundzwanzig Frauen! Die Festetics hat diese Begegnung haarklein der Tante Fanny erzählt. »Und die war ja schließlich dabei. Also wird es schon so gewesen sein!«, bemerkte das Fräulein Amalie ganz nebenbei, als sie meinen ungläubigen Gesichtsausdruck sah. Nachdem der Schah nun die schöne Kaiserin ganz genau unter die Lupe genommen hatte, legte er seine Hände um ihre unglaublich dünne Taille. Die Hofdamen kreischten auf, der Kaiser überlegte, ob er etwas sagen sollte, da sah er, dass Elisabeth schmunzeln musste! Gott sei Dank! Sie nahm es nicht so ernst. In der Zeitung stand, als Naser ad-Din der Kaiserin gegenüberstand, soll er von einer Schüchternheit und Befangenheit gewesen sein, die man nie zuvor an ihm bemerkt hatte, und während der Stunde, die ihm die Monarchin an ihrer Seite vergönnte, soll er von »fast knabenhafter Scheu in jeder Bewegung und jedem Wort gewesen sein«. Der Schah vergaß alles um sich herum und war so in der Betrachtung dieser Schönheit versunken, dass der Kaiser ihm schließlich doch auf die Schultern tippte und mahnend zu verstehen gab,

Naser ad-Din solle die Kaiserin zu Tisch führen. Der Schah nahm daraufhin begeistert die Hand Elisabeths und ging Hände schlenkernd mit ihr zur Tafel. Elisabeth konnte sich ein Lachen nicht verhalten. Seit Kindertagen hatte niemand mehr in dieser Weise ihre Hand gehalten! Bei Tisch konnte sich Sisi diesmal wirklich nicht über eine zu steife Etikette beschweren: Der Schah schenkte in prächtigster Laune der Kaiserin Wein ein, gab ihr das Glas in die Hand, führte es aber, wie bei einem kleinen Kind zu ihrem Mund und zwang sie, einen Schluck zu trinken. Er kostete von allem gerne mit den Fingern oder direkt aus den Schöpflöffeln, die er wieder ordentlich in das Essen zurücklegte. Ein Diener wollte ihm ein paar Erdbeeren auf den Teller legen, doch der Schah nahm ihm gleich die ganze Schale aus der Hand und stellte sie direkt vor sich hin. Sonst ging es aber sehr zivilisiert zu. Die Hofdame Festetics hat sogar extra vermerkt, dass Naser ad-Din manchmal Messer und Gabel benutzte. Nachdem der Schah sah, dass keiner der Gäste einfach auf den Boden spuckte, so wie er es von zu Hause gewöhnt war, fand er, das geziemte sich für ihn unter diesen Umständen auch nicht. Aber mit der Gewohnheit ist das so eine Sache, er fühlte das dringende Bedürfnis zu spucken, ging kurzerhand zum Fenster, öffnete es und spuckte hinaus. Unglücklicherweise waren unten Menschen versammelt, die darauf gewartet haben, dass sich die schöne Kaiserin zeigt. Aber das ist ihm gar nicht aufgefallen. Aufgefallen war ihm allerdings, dass die Kaiserin nicht einfach die Gemahlin des Kaisers ist, sondern ein ganz eigenständiges Wesen. Das hat ihn sehr beeindruckt. Er bat Elisabeth, sich für ihn malen zu lassen. Sisi willigte sogar ein. Endlich konnte der Schah der Kaiserin nun auch die Gazellen zum Geschenk machen! Der Kaiser und auch Graf Andrássy, dessen Gefühle für Elisabeth der Schah gut verstehen konnte, bekamen ein Porträt des Schahs geschenkt. Die jüngeren Brüder Franz Josephs sollte Naser ad-Din laut Etikette eigentlich auch beschenken. Doch er sagte einfach: »Nein, ich will nicht, ich gebe mein Porträt nur denen, die ich mag!« Das war ein Theater! Insgesamt verbrachte die Gesellschaft einen wundervollen Abend, der mit einem Feuerwerk im Schloss Schönbrunn endete. Der Schah sagte mit glänzenden Augen zu Elisabeth, das sei der schönste Abend seines ganzen Wien-Aufenthaltes gewesen. Endlich war er glücklich und zufrieden!

Am nächsten Tag reiste er ab. Zu Andrássy sagte er vor der Abreise noch über Elisabeth, sie sei eine »Göttin«, die schönste Frau, die er jemals gesehen habe: »Diese Vornehmheit, diese Grazie, die Schönheit ihres Lächelns! Wenn ich jemals wieder hierher zurückkehren könnte, es wäre einzig, um Ihr meine Bewunderung zu erweisen!«[23]

Ruferhaltungsmaßnahmen

Je älter Elisabeth wurde, desto schwieriger war es, dem Ruf ihrer ungeheuren Schönheit gerecht zu werden. Bei jedem offiziellen Auftritt wurde die Monarchin von Freund und Feind ganz genau unter die Lupe genommen. Jedes Detail ihrer Kleidung, ihrer Frisur, jeder Protokollfehler, aber auch jedes neue Fältchen, jede Kleinigkeit wurde sofort bemerkt und ausführlich besprochen.

Neben der täglichen Gymnastik mit Hanteln, Seil, Reck, Ringen und Sprossenwand widmete Sisi der Pflege ihrer Haut große Aufmerksamkeit. Je nach Saison kamen Erdbeermasken oder Quarkaufstriche zum Einsatz. Am meisten versprochen hat sich Elisabeth aber von rohen Kalbfleischfetzen, die sie nachts auf ihr Gesicht legen ließ, um die Gesichtshaut schön straff zu halten. Eine Antifaltencreme gab es damals auch schon. Deren Hauptinhaltsstoff war Schneckenschleim. Ob das geholfen hat? Vielleicht. Lange Zeit war Schneckenschleim nämlich in Vergessenheit geraten, aber heute werden in Japan wieder Schneckenkuren als Alternative zu Botoxkuren angeboten. Da werden Schnecken direkt aufs Gesicht gesetzt und ihr Schleim strafft die Haut. Ob wir das mit unseren Nacktschnecken auch machen können, war sich das Fräulein Amalie nicht sicher. Der Nacktschneckenschleim eignet sich aber gut zum Bekämpfen von Warzen. Das hat meine Nachbarin schon selber ausprobiert. »Wenigstens sind die Viecher zu irgendwas gut«, hat sie verdrossen hinzugefügt. Man muss aber nicht unbedingt lebende Schnecken verwenden, denn mittlerweile gibt es wieder Cremes mit Schneckenschleim-Inhaltsstoffen – ganz so wie zu Sisis Zeiten!

Ihre Tagescreme aber war die Creme Celeste, die mit irgendeinem Bestandteil von Walen gerührt wurde. Auch die Cold Cream mochte sie gern, eine Creme mit weißem Wachs und Rosenöl. Eine Creme aus Zink und Talg wurde von Elisabeth eifrig als Sonnenschutzmittel verwendet, das hat aber im Grunde nicht viel genutzt. Durch ihre vielen Aufenthalte an der frischen Luft war die Kaiserin braun gebrannt. Fräulein Amalie hat mir hinter vorgehaltener Hand zugeflüstert: »Braun gebrannt am ganzen Körper!« Das Nacktbaden und Nacktsonnen war ein krasser Gegensatz zu ihrem Protokoll-Leben am Wiener Hof. Das hat sie einfach als Ausgleich gebraucht. Manchmal, auf ihren Reisen, wurde ein Steg ins Meer gebaut mit einem Zelt am Ende, wo sich die Kaiserin ganz entkleiden konnte und über eine kleine Leiter direkt ins weite Meer losschwimmen. Aus Frankreich hat Elisabeth ihrem Gemahl, der schon wieder einen Skandal befürchtete, geschrieben, er brauche sich keine Sorgen zu machen. »Ganz gegen meine Gewohnheit bade ich in lichtem Flanell!« In Bad Ischl, auf ihrem »Zauberberg« gleich hinter der Kaiservilla, war sie unbeobachtet und konnte sich ihrer Kleider entledigen. Auch darüber hat Elisabeth gedichtet. Fräulein Amalie hat das Gedicht aufgestöbert und mir die erste Strophe vorgelesen:

Am Zauberberg

Ja, wahrlich, ich bin eine Tochter der Luft,
Verachtend die lästigen Kleider;
Ich bade die Glieder in würzigem Duft
Und spotte hier oben der Schneider.

Das war ganz schön gewagt für die damalige Zeit. Aber zurück zu unseren Schönheitsmitteln, denn das Fräulein Amalie hatte mir eigentlich nur erklären wollen, warum Elisabeth am ganzen Körper braun gebrannt war. Um im Gesicht die nötige »noble Blässe« herzuzaubern, hat Sisi eifrig die Creme mit Zink benutzt, denn die war weiß und abdeckend. »Eine Weißmacher-Creme« hat das Fräulein Amalie dazu gesagt. Heute verwenden wir getönte Cremes, um schön gebräunt auszusehen. Damals war blasse Gesichtsfarbe angesagt. Auch Sommersprossen waren komplett unschick. Die wurden natürlich ebenfalls mit der Weißmacher-Creme sorgfältig überdeckt.

Aber Sisi hat sich nicht nur um ihr Gesicht gekümmert, sondern um den ganzen Körper. Abgesehen von Olivenölbädern mochte sie auch Rosensalzbäder sehr gerne. Das Fräulein Amalie schwor auch darauf. Meine Nachbarin fuhr selber jeden Sommer zur Kur nach Bad Ischl und deckte sich mit einem Jahresvorrat an Rosenbadesalz ein. In der dortigen Apotheke gibt es noch einige Schönheitsmittelchen nach alter Rezeptur zu kaufen. Fahren Sie ruhig hin und schauen Sie sich um. Wenn Sie dann schon einmal da sind, wäre es schade, die Kaiservilla nicht zu besichtigen. Sie ist wirklich sehr idyllisch gelegen.

Es muss aber nicht unbedingt ein Rosensalzbad sein, andere Mittel gibt es auch: Während der Nacht hatte Sisi oft feuchte Tücher um die Hüften gewickelt, um eine straffe Haut zu behalten. Das geht einfach nachzumachen, ist aber nicht so angenehm. Um den Hals legte sie ein Tuch mit Rosenwasser. Ihr Bett war alles andere als ein Prinzessinnen-Himmelbett, sondern eine Art zusammenklappbares Feldbett mit einer harten Rosshaarmatratze. Das konnte leicht auf Reisen mitgenommen werden. Elisabeth schlief immer ohne Kissen. Es wäre vielleicht empfehlenswert, das auszuprobieren, denn obwohl sie an allem Möglichen kränkelte, hatte sie nie Rückenprobleme. Dafür aber starkes Rheuma. Vielleicht kam das ja von den feuchten Tüchern. Ich glaube, das Fräulein Amalie und ich waren uns einig: Wir empfehlen das Rosensalzbad!

Der Überraschungsbesuch

Kaiser Franz Joseph hatte übrigens ebenfalls ein zusammenklappbares Feldbett. Das machte das Zusammenkommen in der Nacht ein wenig schwierig. Da der Kaiser und die Kaiserin in der Wiener Hofburg getrennte Schlafzimmer hatten, wollte der Franz Joseph seine Frau einmal des Nachts überraschen und sie in ihrem Gemach besuchen. Er sagte also dem Kammertürhüter Bescheid und schlich sich in der Dunkelheit zu seiner Engels-Sisi. Er kam auch, ohne großen Krach zu machen, bei ihrem Bett an und tastete nach ihrem Gesicht. Dabei griff er direkt auf das Kalbfleisch und erschrak furchtbar. Die Situation wurde nicht besser, als er an Sisis Hals das mit Rosenwasser getränkte Tuch spürte und schließlich an der Hüfte noch einmal etwas Feuchtes fühlte! Der Kaiser war schockiert und hat sofort beschlossen: So etwas macht er nie wieder! Er gab den Auftrag, eine Klingel zu installieren, um seinen Besuch vorher anmelden zu können. Fortan konnte Sisi vor seinem Eintreten schnell alle störenden Sachen entfernen und ihren Gemahl empfangen.

Ich habe mir das sehr romantisch vorgestellt: So wie das Fräulein Amalie das erzählt hat, dachte ich, der Kaiser zieht an einem Band aus rotem, schweren Samt und in den Gemächern der Kaiserin ist ein sanfter Glockenton zu hören. Als ich einmal in der Wiener Hofburg war, habe ich mich auf die Suche nach dem roten Samtband und der Glocke gemacht. Ich war sehr enttäuscht, als ich stattdessen einen schnöden elektrischen Klingelknopf vorgefunden habe! Die Wiener Hofburg war mittlerweile schon elektrifiziert worden. So ein elektrischer Klingelton klingt wirklich alles andere als romantisch! Übrigens: Der Klingelknopf ist in der Wiener Hofburg, im heutigen Sisi-Museum, hinter einem Vorhang versteckt. Sollten Sie einmal da sein, dann schauen Sie sich das an.

Schlankes Essen

Immer wenn von Elisabeth und Essen die Rede ist, denken die allermeisten sofort an strenge Fastenkuren. Und zu einem großen Teil stimmt das auch. Sisi hatte furchtbare Angst, dick zu werden und sich deswegen immer wieder strengen Fastenkuren unterzogen. Über ihr Gewicht und ihre Maße wurde genauestens Buch geführt, denn die überschlanke Kaiserin hat sich täglich wiegen und messen lassen. Wenn Gewicht oder Taille den Wert von 50, also 50 Kilogramm oder 50 Zentimeter, überstiegen, wurden sofort Gegenmaßnahmen ergriffen. Sisi legte dann Orangensafttage oder Milchtage ein. Zum Mittagessen gab es allerhöchstens den Saft eines ausgepressten Fleischschlegels. Gewürzt soll der Saft nicht einmal so schlecht schmecken, hat das Fräulein Amalie gemeint. Ich hatte aber nie das Bedürfnis, das auszuprobieren.

Veilchen waren nicht nur Elisabeths Lieblingsblumen, sondern auch ihr Lieblingsnachtisch: Veilchen mit zerstoßenem Eis und Zucker oder kandiert mochte sie für ihr Leben gern! Der Kaiser hat sich richtig geekelt vor dem Veilchengeschmack, ihm ist schon schlecht geworden, wenn er nur daran gedacht hat. Milch gehörte zu den Lieblingsgetränken der Kaiserin. Die Hofdame Irma Sztáray, die Elisabeth in den letzten Jahren bei ihren anstrengenden Ausflugsmärschen begleiten durfte oder musste, erzählt: »Milch genoss sie am ständigsten. Es gab Tage, an denen sie ausschließlich von Milch lebte, an anderen Tagen wieder aß sie nur Orangen. Gebratenes Fleisch nahm sie zumeist kalt. ... Diese launenhafte Ernährungsweise hatte nichts mit ihrer Gesundheit zu tun, denn es kam nicht selten vor, dass sie, wenn es ihr passte, ein ganzes Diner mit gutem Appetit verspeiste.«[24]

Bei ihren ausgedehnten Spaziergängen führte die Hofdame stets einen Becher mit. Wenn man unterwegs einer Kuh begegnete, musste die Hofdame gleich frische Milch besorgen: »Milk to go!« Das heißt, die Begleiterinnen der Kaiserin mussten nicht nur im Hofdienst bewandert sein, sondern auch das Handwerk des Melkens verstehen. Noch dazu bei Kühen, die nicht angebunden und oft störrisch waren. Elisabeth war vom Milchvieh so begeistert, dass sie eine regelrechte Sammelleidenschaft entwickelte. Andere Herrscherinnen sammelten Kunstwerke, Raritäten oder Schmuck. Sisi sammelte Kühe. Wenn ihr eine besonders schöne Kuh auf einer Weide aufgefallen ist, dann hat sie die gleich kaufen lassen und mit nach Schönbrunn genommen. In Biaritz hatte Elisabeth bei einem Ausflug unter dem Namen Gräfin von Hohenembs eine schwarze Kuh gekauft, die der Bauer ins Grand Hotel liefern sollte. Er hat nicht schlecht gestaunt, als er erfuhr, dass die Käuferin in Wahrheit die österreichische Kaiserin war! Anscheinend konnte Elisabeth sogar am Geschmack erkennen, von welcher ihrer Kühe die Milch stammte. Die Kaiserin von Österreich – eine Kuhmilch-Spezialistin! Das passt eigentlich ganz gut. Obwohl ihr auch bayerisches Bier das ganze Leben lang hervorragend geschmeckt hat. Immer wenn sie in München war, ist sie im Hofbräuhaus eingekehrt. Wenn sie ihre Familie in Possenhofen besuchte, wohnte die Kaiserin oft im Hotel Strauch in Feldafing. Manchmal ist sie mit einer ihrer armen, schwer schnaufenden Hofdamen im Rennschritt von dort nach München gerast – das ist nicht gerade eine kurze Strecke – hat zwei Mass Bier gezischt und ist wieder zurück nach Feldafing gerannt.

Offizielle Diners waren für Elisabeth an Tagen, an denen sie nichts essen wollte, ein Graus. Meistens hat sie höflichkeitshalber eine Bouillon zu sich genommen und ein Stückerl Weißbrot. Als Nachtisch gab es zu solchen Gelegenheiten Eisstückchen mit ein paar Tropfen Orangensaft. Die Köche haben sich an den Hungertagen gefreut, weil sie nicht viel Arbeit hatten. An den meisten Tagen aber waren sie ziemlich gefordert, um Sisis Sonderwünsche zu erfüllen, etwa wenn ihr von einer Minute auf die andere eingefallen ist, dass sie heute doch ein Fünfgängemenü essen möchte. Manche Köche sind über diese Beanspruchung sogar nervenkrank geworden oder haben lieber gekündigt, um nicht für die launische Kaiserin arbeiten zu müssen.

Besonders schwierig zu erfüllen waren die ausgefallenen Speisewünsche der Kaiserin, wenn sie unterwegs war. Meist ging es mit der Eisenbahn von Hotel zu Hotel. Der Reisemarschall, Hugo Feifalik, hat es wirklich nicht leicht gehabt, alles zur Zufriedenheit Ihrer Majestät zu organisieren. Wie oft hat er da seine Frau, die Fanny, angejammert! Er musste genaue Erkundigungen einziehen, welcher Koch während des Aufenthaltes Ihrer Majestät Dienst hatte und ihm dann telegrafisch genaue Anweisungen zukommen lassen: »Frühstück Ihrer Majestät in Trient hat zu bestehen aus gutem Marken Kaffé dazu frisches und unabgekochtes Obers und ebensolche Milch, beides in Eis gut eingekühlt; einem kalten Braten, großes Stück Filet, Rehrücken, … verschiedene Bäckereien, jedoch mit reiner Butter gemacht, frische Eier, wenn sie am Ankunftstage gelegt wurden und Honig.«[25] Das Fräulein Amalie war ein bisschen stolz, als sie mir das vorgelesen hat, weil ihr Großonkel Hugo »in- und auswendig gewusst hat, was seine Kaiserin bei so einer Reise für Wünsche hat«. Auch die Verpflegungspausen auf der Durchreise hat der Onkel organisieren müssen – alles telegrafisch! Die Kaiserin hat, wenn kein Küchenwagon mitgeführt wurde, das Essen am Bahnhof direkt in ihrem Salonwagen zu sich genommen, das Gefolge durfte im Wartesaal erster Klasse, die restliche Dienerschaft im Wartesaal zweiter Klasse essen.

Aber immer war es nicht so kompliziert. Über einen Kuraufenthalt Elisabeths in Bad Brückenau hat der behandelnde Arzt in seinen Lebenserinnerungen festgehalten: »Die Ernährung war sehr einfach: kleines Beefsteak, nächsten Tag Forelle, dritten Tag Poularde. Wenn Elisabeth nur einige Gramm Mehrgewicht feststellte, aß sie überhaupt nichts mehr.«[26]

Das Damenduell

Das Fräulein Amalie hat mir manchmal so unglaubliche Geschichten erzählt, dass ich an ihrem Wahrheitsgehalt gezweifelt habe. Wie zum Beispiel die Schilderungen von Sisis Intimfeindin, Pauline Metternich. Meine Nachbarin hat sich richtig darüber echauffieren können, wie die Metternich sämtliche bedeutenden gesellschaftlichen Funktionen an sich gerissen hat. Besonders beim Organisieren von Wohltätigkeitsveranstaltungen und riesigen Bällen tat die »Stechmücke« sich hervor. In fast allen Wohltätigkeitsorganisationen war sie die Vorsitzende und brachte mit ihren sehr fantasiereich organisierten »Charity-Veranstaltungen« sehr große Summen Geldes für Bedürftige zusammen.

Elisabeth half lieber im Geheimen und unorganisiert. Ihre Spendenlisten weisen sogar ungeheuer große Summen auf. Pompöse Auftritte dagegen, auch solche für Wohltätigkeitsveranstaltungen, waren ihr verhasst. Sie besuchte im Stillen Krankenhäuser oder Irrenhäuser. Dort, wo man peinlich berührt wegschaute, schaute sie sehr genau hin. Ihr war es lieber, als gute Fee in eine arme Hütte zu kommen, Geld auf den Tisch zu legen und unerkannt wieder zu verschwinden, als sich für ihre Großzügigkeit feiern zu lassen.

Sogar dem Wiener Witzblatt »Kikeriki« ist der Unterschied zwischen den beiden hohen Damen aufgefallen. Es hat sich auf die Seite Elisabeths geschlagen:

> Ihr Patronessen, seht euch an,
> Wie still man auch human sein kann,
> Nicht bloß bei der Musik von Strauß –
> Auch einsam in dem Krankenhaus.

Dort Tränen trocknen, wo der Tod
In allerlei Gestalten droht:
So edlen und humanen Sinn,
Lernt ihn von unsrer Kaiserin![27]

Bei einigen Aufeinandertreffen kam es zu massiven Auseinandersetzungen zwischen den beiden Rivalinnen. Die Fürstin mit ihrem großen Ansehen in der Gesellschaft war eine mächtige Person, denn sie hatte die finanzkräftige Hocharistokratie hinter sich. Trotz allem hatte Elisabeth den höheren Rang inne, sie war die erste Frau im Reich – und hatte bei Meinungsverschiedenheiten das letzte Wort. Da die Begegnungen für beide Frauen sehr unerfreulich waren, versuchten Elisabeth und Pauline einander aus dem Weg zu gehen, so gut es eben ging.

Mit einem Streit Paulines hatte Elisabeth nichts zu tun, doch als er ihr zu Ohren kam, tat es ihr zum ersten Mal leid, nicht dabei gewesen zu sein. Im Jahr 1892 organisierte Pauline Metternich mit großem Engagement eine internationale Ausstellung für Musik- und Theaterwesen. Die Präsidentin des Damenkomitees war allerdings Gräfin Anastasia Kielmannsegg. Das passte der Fürstin nicht recht, denn die Kielmannsegg war ebenfalls sehr einnehmend und bestimmte Dinge einfach über den Kopf Pauline Metternichs hinweg. Der Blumenschmuck, den Gräfin Kielmannsegg für einen geplanten Ball ausgesucht hatte, entsprach ganz und gar nicht den Vorstellungen der Fürstin und sie wollte die Gräfin dazu bewegen, ihn zu ändern. Das wollte diese aber auf keinen Fall. Jedem der Anwesenden war klar, dass es hier nicht um den Blumenschmuck ging, sondern im Wesentlichen um die Frage, wer das Sagen hatte. Und Pauline Metternich wollte immer das Sagen haben. Die beiden sind in einen solch heftigen Disput miteinander geraten, dass sich die Fürstin nicht mehr zu helfen wusste, und wutentbrannt die Gräfin zum Fechtduell herausgefordert hat. Und Gräfin Anastasia Kielmannsegg nahm die Herausforderung an.

Ein Duell war in jener Zeit nichts Außergewöhnliches, sondern eine allgemein akzeptierte und bestimmten Regeln folgende Angelegenheit. Dass die Kontrahenten Frauen waren, machte das Ganze aber nun doch zu etwas Besonderen. Die Frauen arbeiteten einen detaillierten Duellplan aus. Sekundanten sollten ebenfalls Frauen, also Sekundantinnen sein. Als medizinischer Beistand wurde Gräfin Lubinska bestimmt. Sie hatte beim gerade gegründeten Roten Kreuz eine medizinische Ausbildung erhalten und machte den Vorschlag, das Duell »oben ohne« auszutragen, weil durch den Kleiderstoff bei etwaigen Stichverletzungen leichter Infektionen auftreten konnten. Das leuchtete der Fürstin und der Gräfin ein und sie beschlossen, ihrem Rat zu folgen. Eine Blutvergiftung wollte man sich bei dem Duell nicht einheimsen! Heimlich reiste man mit den Sekundantinnen (Fürstin Schwarzenberg und Herzogin Kinsky) und Gräfin Lubinska nach Vaduz in Liechtenstein, um dort das Duell auszutragen. Während sich die Kontrahentinnen nun fürs Gefecht vorbereiteten und die Sekundantinnen die Koffer mit den Degen bereithielten, mussten sich die männlichen Begleiter – Waffenträger, Verbandskasten- und Verpflegungsträger – umdrehen, um die Damen nicht entblößt zu sehen. Jetzt konnte der Kampf beginnen: Die beiden Duellantinnen gingen mit ihren Degen aufeinander los. In der dritten Runde schlitzte Anastasia Kielmansegg die Nase Pauline Metternichs auf. Vor lauter Schreck hielt sich die Gräfin die Augen zu. Das nutzte die Metternich blitzschnell aus und stach mit ihrem Schwert in den Arm Anastasias. Die beiden Sekundantinnen wurden beim Anblick des spritzenden Blutes ohnmächtig. Als die Begleiter zu Hilfe eilen wollten, verscheuchte Gräfin Lubinska die Männer und schlug dazu mit ihrem Schirm auf sie ein. Immerhin waren ja Fürstin und Gräfin noch immer »oben ohne«! Die beherzte Gräfin Lubinska hatte bald alles im Griff. Die Sekundantinnen wurden mit Riechfläschchen wieder zum Leben erweckt. Auf Befehl der Lubinska mussten sich die Duellantinnen nun umarmen, küssen und versöhnen. Anschließend wurden sie medizinisch versorgt. Unumstrittene Siegerin des Duells war Pauline Metternich! Warum? Das wusste Fräulein Amalie auch nicht so genau. Tante Fanny hatte ihr nur erzählt, dass Elisabeth bei den nächsten Unstimmigkeiten mit der Metternich auf jeden Fall auch ein Duell fordern wollte. Elisabeth war nämlich im Fechten außergewöhnlich gut. Sie hatte sich aufs Fechten verlegt, als sie das Reiten schweren Herzens aus gesundheitlichen Gründen aufgeben musste. Dem Fräulein Amalie hat die Sisi richtig leid getan: Wegen ihrer Gicht konnte die Kaiserin die Zügel nicht mehr richtig führen. Zusätzlich zu ihren alltäglichen Turn- und Gymnastikübungen kamen nun zwei Fechtstunden auf das Tagesprogramm. Nach kurzer Zeit war Elisabeth so gut, dass ihr Lehrer Mühe hatte, seiner Schülerin nicht zu unterliegen. Ein Duell zwischen den beiden Erzfeindinnen wäre sicher spannend gewesen. Gut nur, dass es nie dazu gekommen ist, denn auch Pauline Metternich verfügte über eine hervorragende Fechtausbildung.

Als ich diese Geschichte gehört hatte, dachte ich bei mir: Das kann alles einfach nicht stimmen! Wahrscheinlich ist Fräulein Amalie nur eine gute Geschichtenerzählerin. Tatsächlich habe ich Jahre später einen Artikel der »Los Angeles Times« von 1892 gefunden, der über dieses Duell berichtet. Im Internet kursieren sogar einige Artikel darüber und auch Bilder. Sie können selber nachschauen!

Kaiserliche Mutter

Es war nicht gerade einfach, die Funktion einer Kaiserin mit den Aufgaben einer fürsorglichen Mutter zu kombinieren. Und eigentlich war das ja auch nicht vorgesehen. Kronprinzessinen und Kronprinzen hatten eine Amme, Kinderfrauen und Erzieher, die sich um alle Belange kümmerten. Trotzdem war Elisabeth nach der Geburt der ersten beiden Kinder, Sophie und Gisela, eine sehr stolze und liebevolle Mutter. Die kleinste Trennung von den Töchtern machte die Kaiserin unglücklich. Sisi setzte deshalb durch, dass die fast zweijährige Sophie auf eine viermonatige »Dienstreise« nach Oberitalien mitkommen durfte. Die politische Lage dort war äußerst heikel. Es standen sogar Aufstände gegen die österreichische Herrschaft zu befürchten. Böse Zungen behaupteten deshalb, die kleine Sophie solle als Schutzschild gegen geplante Attentate herhalten. Das Paar trat also seine gefährliche Reise an, wohnte in den Palästen von Venedig und Mailand und demonstrierte kaiserliche Macht. Den Italienern hat das überhaupt nicht gefallen. Doch Elisabeth hat diese schwierigen Auftritte mit so großer Würde und Eleganz absolviert, dass es in Wien geheißen hat, die Schönheit der Kaiserin erobere Italien besser als des Kaisers Kanonen.

Auch in Ungarn sollte Elisabeths beruhigende Ausstrahlung seine Wirkung tun. Ein paar Wochen nach der Italienreise wurden nun beide Töchter in das ebenfalls in Aufruhr befindliche Ungarn mitgenommen. Leider endete die Reise verhängnisvoll. Nachdem die Kinder schwer erkrankt waren, starb die zweijährige Sophie noch in Ungarn. Sisi gab sich die Schuld am Tod des Mädchens und konnte diesen Verlust kaum überwinden. Sie fand auch nicht die Kraft, sich um die überlebende Tochter Gisela zu kümmern und überließ resigniert die Erziehung der Großmutter.

Selbst die Geburt Rudolfs konnte ihre Muttergefühle nicht mehr wachrütteln, obwohl er ihr in Wesen und Charakter sehr ähnlich war. Der Kronprinz hatte eine schreckliche Kindheit, weil er im Alter von sechs Jahren seiner Kinderfrau entrissen wurde und in einer militärisch geprägten Männergesellschaft »abgehärtet« werden sollte. Er musste kalte Wassergüsse aushalten, wurde nachts mit Pistolenschüssen geweckt oder in der Dunkelheit allein im Lainzer Tierpark ausgesetzt, während sein Erzieher mit panischer Stimme rief: »Achtung, die Wildschweine kommen!« Sisi hat schließlich durchgesetzt, dass ihr Sohn einen neuen Erzieher bekam, der für den Kronprinzen zu einer engen Vertrauensperson wurde. Das hat Rudolf seiner Mutter nie vergessen und sie sein Leben lang aus der Ferne verehrt. Ein richtiges Vertrauensverhältnis konnten die beiden jedoch nicht zueinander aufbauen. Elisabeth hat nie bemerkt, wie ähnlich die Interessen oder die politischen Ansichten des Sohnes den ihren waren. Ein großer Traum Rudolfs war es, seine liberalen Ideen zu verwirklichen. Kaiser Franz Joseph wollte den Kronprinzen aber nicht ans politische Ruder lassen, was zu vielen Streitereien geführt hat – unter anderem auch am Vorabend von Rudolfs Tod. Es ranken sich nach wie vor sehr viele Geheimnisse um seinen Selbstmord. Er soll zuerst seine siebzehnjährige Geliebte Mary Vetsera und dann sich selbst erschossen haben. Es gibt aber noch immer Stimmen, die behaupten, es wäre kein Selbstmord gewesen. Elisabeth hat sich völlig in ihrer Trauer eingegraben und seit Rudolfs Tod nur mehr Schwarz getragen. Außerdem hat sie aufgehört zu dichten – ihr letztes Gedicht hat sie nicht mehr beendet. Dass auch der Sohn Gedichte nach dem Vorbild Heinrich Heines verfasste, hat die Mutter nie erfahren.

Erst zu ihrer jüngsten Tochter, Marie Valerie, konnte Elisabeth ein inniges Verhältnis aufbauen. Sie wurde mit so viel Mutterliebe überschüttet, dass diese selbst auf vier Kinder verteilt fast noch zu viel gewesen wäre.

Das hässliche Enklein und ein Faschingsflirt

Rein rechnerisch darf es ja nicht überraschen, dass Elisabeth schon sehr jung Großmutter geworden ist. Aber nachdem dies zu einer jugendlich schönen Kaiserin so überhaupt nicht passt, verblüfft es dann doch, dass Sisi im Alter von sechsunddreißig Jahren als schönste Großmutter der Welt gefeiert wurde. Für ihre Enkelkinder hat sie aber keine großmütterlichen Gefühle entwickeln können. Vielleicht war sie noch zu jung dafür. Kurz nach der Geburt ihrer zweiten Enkeltochter schreibt Elisabeth recht unbewegt an ihren Sohn Rudolf: »Das Kind von Gisela ist von seltener Hässlichkeit, aber sehr lebhaft, es schaut Gisela ganz gleich.«[28]

So jung Großmutter zu werden, ist wahrscheinlich nicht leicht zu verkraften. Vielleicht wollte Sisi es deswegen noch einmal wissen und ihre Wirkung auf die Männerwelt testen: Eines Tages hatte die Kaiserin die verrückte Idee, heimlich und unerkannt an einem Maskenball teilzunehmen. Eingeweiht waren nur Ida, Fanny und die Kammerfrau Schmidl. Elisabeth verkleidete sich als gelber Domino, ließ sich von Fanny so stark maskieren und die Kapuze so anbringen, dass absolut nichts von Gesicht und Haaren zu sehen war. Heimlich schlichen die Kaiserin und Ida aus dem Schloss und stiegen in eine bestellte Kutsche. Elisabeth war überwältigt und ganz berauscht, dass sie sich so unerkannt mitten in einer ausgelassen feiernden Gesellschaft bewegen konnte. Allerdings redete niemand mit ihr. Ida suchte nun nach einem Gesprächspartner und fand den sechsundzwanzigjährigen Junggesellen Fritz Pacher, der von der geheimnisvollen Dame sehr beeindruckt war. Die beiden unterhielten sich mehrere Stunden sehr angeregt und spazierten dabei durch den gut besuchten Ballsaal. Pacher gewann den Eindruck, dass die geheimnisumwitterte Frau, die um jeden Preis unerkannt bleiben wollte, »eine gescheite, gebil-

dete und interessante Frau mit einem originellen Einschlag«
war, »der alles Gewöhnliche jedenfalls weitab lag«. Die Frau
interessierte ihn und er bat sie, ihm wenigstens den Anblick
ihrer Hand ohne Handschuh zu vergönnen. Doch Elisabeth
wehrte ab. Ida, die dauernd in höchster Nervosität um die
beiden herumgeschlichen war, griff rettend ein und meinte, es
wäre Zeit, nach Hause zu fahren. Fritz Pacher begleitete die
beiden Damen zum Fiaker. Ida hat der Fanny später erzählt,
dass dieser dreiste Mensch beim Einsteigen versucht habe, Elisabeth die Maske vom Gesicht zu reißen! Ida hat laut aufge-
schrien, doch der junge Mann hat sie gleich beruhigt, dass er
niemandem etwas Böses wolle. Er hat der Unbekannten noch
beim Einsteigen in die Kutsche geholfen und sich mit einem
Handkuss verabschiedet. So erzählte es die Ida der Tante Fanny. Kaiserin Elisabeth hat in einem Gedicht allerdings etwas
anderes geschrieben:

> Wo sich die bunten Masken drängen,
> Welch' Summen, Toben, Lärmen, Schrei'n,
> Wie sie zu tollen Walzerklängen,
> Den Mücken gleich, sich dreh'n und freu'n.
>
> Doch wir zwei wählten uns das Beste;
> Wir saßen in den Wagen ein,
> Der ward uns bald zum warmen Neste;
> Und Dunkelheit hüllt' rings uns ein … [29]

Der Reitlehrer

Wenn wir schon dabei sind, hat Fräulein Amalie gemeint, muss unbedingt auch noch der Reitlehrer Elisabeths erwähnt werden. Das war ein stämmiger, rothaariger, sommersprossiger Schotte. Irgendwie fällt einem in diesem Zusammenhang Lady Diana ein. Wieso wohl?

Als Elisabeth im großmütterlichen Alter von achtunddreißig Jahren in England eintraf, wollte sie das Leben noch einmal herausfordern. Nach einem vorgeschützten Kuraufenthalt für Marie Valerie ein Jahr zuvor, der in einen intensiven Reiturlaub ausgeartet war, fühlte sich Sisi bestens vorbereitet, es mit den Reitsportgrößen in England aufzunehmen. Die Jagden dort waren viel gefährlicher als auf dem Kontinent, weil die Hindernisse höher waren und man ganz oft unter Gefahr des eigenen Lebens ins Ungewisse springen musste. Immer wieder war von schweren Verletzungen die Rede, von Genick- und Schädelbrüchen. Keine schöne Sache. Für Elisabeth wurde Bay Middleton als Reitlehrer engagiert, einer der hervorragendsten Reiter seiner Zeit. Der damals Dreißigjährige war »not amused« darüber, eine verwöhnte, zickige Kaiserin zu unterrichten und ließ sich nur sehr schwer dazu überreden. Als er Elisabeth aber zu Gesicht bekam, und erst recht, als er sie auf dem Rücken eines Pferdes im Damensitz und vollendet sitzendem Reitkleid davonpreschen sah, war es um ihn geschehen. Erstens konnte sich Bay Middleton, wie viele andere, dem liebreizenden Charme der Kaiserin nicht entziehen, und zweitens hat er recht schnell begriffen, dass er es mit einer hervorragenden Reiterin zu tun hatte. Bei den wilden und halsbrecherischen Rennen hatte es Elisabeth im Damensitz und Reitkleid viel schwerer als ihre männlichen Kollegen. Von hundert Reitern schafften es oft nur sechs oder sieben, bis zum Ende durchzukommen. Elisabeth war meistens mit dabei! Und der starke Bay Middleton wich ihr nicht mehr von der Seite. Er war übrigens wirklich so unglaublich kräftig, dass er eine Münze zwischen seinem Zeige- und Mittelfinger ohne große Mühe verbiegen konnte. Das hat Sisi beeindruckt und sie wiederum hat ihr Äußerstes gegeben bei den Rennen. Stürzte Sisi einmal, war Bay sofort zur Stelle und richtete sie wieder auf. Er wischte ihr den Schlamm von der Stirn, gab ihr zu trinken, half ihr in den Sattel und animierte sie dazu, weiterzumachen. Middleton hat als einer der ganz wenigen Menschen in ihrer Umgebung nicht versucht, Elisabeth zurückzuhalten, sondern hat sie angefeuert, noch höher zu springen, noch schneller und besser zu sein. Er war, so glaubte das Fräulein Amalie, überhaupt der einzige Mann in ihrem Leben, von dem Elisabeth sich, ohne zu murren, etwas sagen hat lassen. Und er hat bei Weitem nicht immer in freundlichem Ton mit ihr gesprochen!

Einmal war der schottische Reitlehrer zu einer Jagd in Ungarn eingeladen. Da ist es heiß hergegangen, weil Fürst Liechtenstein, ein enger Freund und glühender Verehrer Elisabeths, so eifersüchtig war, dass er mit Middleton einen offenen Streit angefangen hatte. Der kleine Schotte und der wilde Ungar sind wie die Streithähne aufeinander losgegangen und haben sich dermaßen miteinander gefetzt, dass Bay Middleton gleich am nächsten Tag mit einem blauen Auge und einer Mordswut abgereist ist. Wer als Sieger der Rauferei gegolten hat, wusste das Fräulein Amalie nicht. Fürst Liechtenstein hatte nämlich auch ein blaues Auge davongetragen.

Eines wusste meine Nachbarin aber noch zu erzählen: Elisabeth hatte einmal einen sehr schweren Reitunfall. Die Genesung dauerte sehr lange, insgesamt waren es neun Monate! Viele Jahre nach Elisabeths Tod ist eine Frau aufgetaucht, die behauptete, das Ergebnis dieser Genesung zu sein. Fräulein Amalie fand es sehr verdächtig, dass die Geburtsdaten und Personalien der Dame am Wiener Hof genau überprüft wurden. Das vermeintliche »außertourliche Kind« Elisabeths wurde aber erst gute zwei Jahre nach dem Reitunfall geboren. Die Schwangerschaft hätte in diesem Fall also etwas zu lange gedauert.

Frau Ritter Blaubart

Wie schon gesagt, schriftlich konnte man der Kaiserin zu Lebzeiten nie einen Seitensprung nachweisen. Elisabeth selbst hat
in einem Brief die Anweisung gegeben, dass ihre Gedichte erst
sechzig Jahre nach ihrem Tod veröffentlicht werden sollten.
Denn nach sechzig Jahren würde auch keiner der Beteiligten
mehr am Leben sein und niemand könnte mehr in peinliche
Erklärungsnot gebracht werden.

Es hat dann aber noch länger als sechzig Jahre gedauert,
bis die Gedichte ausgegraben wurden. Sie sprechen eine ganz
andere Sprache als die Geschichtsbücher und zeigen Elisabeth in einem für eine treue Kaisergemahlin sehr ungewöhnlichen Licht. Fräulein Amalie hat mir von diesen Gedichten
erzählt und auch welche vorgelesen. Ganz ehrlich, ich habe
keine Ahnung wo sie die damals her hatte! Mittlerweile
sind die Gedichte der Kaiserin veröffentlicht – man kann
sie in ihrem poetischen Tagebuch nachlesen – aber in den
1980er Jahren hatte ich von diesen teilweise recht frechen
Reimen noch nie etwas gehört. In einem Gedicht nennt sich
Elisabeth selbst Frau Ritter Blaubart:

> Frau Ritter Blaubart nenn' ich mich,
> Hab' auch ein Kabinett;
> Viel Häute hängen minniglich
> Dort, wohlgeputzt und nett.

Ähnlich wie der Ritter Blaubart im Märchen hatte die Dich-
terin ein Kabinett, einen Raum, in dem sich ihre abgelegten
Geliebten in Form von getrockneten Eselshäuten befanden.
Fräulein Amalie hat mich forschend angeschaut, als sie mir
das erzählt hatte: »Ja, ja, ich weiß, da muss man sich erst einmal daran gewöhnen!« Elisabeth hatte ausgefallene Ideen im

Kopf, weil sie selber so viel las. Wahrscheinlich ist der Esel eine Anlehnung an Shakespeares »Sommernachtstraum«, in dem die Feenkönigin Titania nach einer Liebesnacht neben ihrem Liebhaber aufwacht, der sich in einen Esel verwandelt hatte, und bestürzt feststellt: »Ich liebte einen Esel ohne Scham!«

Fräulein Amalie nahm mit etwas zittriger Hand ihre Brille, die sie immer an einer goldenen Halskette mit sich trug, und las mir vor, wie Elisabeth als Frau Ritter Blaubart das Kabinett betritt und über jede einzelne Eselshaut, also über jeden Geliebten spricht:

> Der erste war ein hübsches Tier,
> Nur Ohren übers Mass;
> Doch über seiner Schönheit schier
> Vergass ich ganz auf das.

> Ich hielt ihn mir im Tropenland,
> Bekränzt ihn mit Granat;
> Bananen frass er aus der Hand;
> Doch wurd' ich ihn bald satt.

Fräulein Amalie hat vor Aufregung aufgehört zu zittern und ganz beherzt auf den Tisch geklopft: »Das ist doch eindeutig, dass damit der Graf Hunyady gemeint war! Er, den sie von ihrer Banane beißen ließ und der eilig aus Madeira abgezogen wurde. Elisabeth hat sich sehr intensiv mit der griechischen Mythologie befasst. Der Granatapfelzweig, mit dem sie ihren Liebsten bekränzte, verweist auf den Apfel der Liebesgöttin Venus.« Könnte sein! Vielleicht war der Kuraufenthalt auf Madeira doch nicht so harmlos.

Graf Andrássy kommt übrigens auch im Gedicht der Frau Ritter Blaubart vor. Über ihn schreibt sie:

> Der zweite, ach! wie war der lieb!
> Der hat mir treu gedient; (…).

Oft streichle ich die alte Haut,
Gedenkend jener Zeit,
Die wir so innig und vertraut
Verkoseten zu Zweit.

Das klingt nicht unbedingt so, als hätte Elisabeth dem ungarischen Grafen nur die Hand zum Kusse gereicht. Und wenn wir den Geschichten von Fräulein Amalie glauben wollen, dann war ja auch wirklich wesentlich mehr dahinter.

Der dritte war der berüchtigte Faschingsflirt Elisabeths. Fritz Pacher und Sisi haben sich nach dem denkwürdigen Abend noch eine Zeitlang Briefe geschrieben. Elisabeth hat immer mit verstellter Handschrift geschrieben und die Briefe irgendwo im Ausland weggeschickt. Der Fritz Pacher war aber schon daraufgekommen, dass sich hinter der geheimnisvollen Frau die Kaiserin verbirgt und hat gemeint, man könnte endlich dieses Versteckspiel sein lassen. Elisabeth war so entsetzt, dass sie sofort jeden Kontakt abgebrochen hat. Die Worte, die sie für ihn übrig hatte, sind nicht recht schmeichelhaft ausgefallen.

Der dritte, nein, war das ein Viech!
Ein ganz gemeines Beast;
Kahl war er auch, dazu noch schiech,
Gehört nur auf den Mist. (…)

Genug, er sei nicht mehr genannt …
Ich tret' ans vierte Fell;
Der ward aus West' mir zugesandt,
Ein drolliger Gesell'!

Rostfarben war mein Freund Langohr,
Sein Wiehern hell und laut,
And never was he sick nor sore,
But jumped and pranced about.

Na, haben Sie erraten, wer der vierte Liebhaber war? Es ist gar nicht so schwer, wenn man ein bisschen Bescheid weiß, ist sofort klar, dass damit nur der schottische Reitlehrer Bay Middleton gemeint gewesen sein kann.

Auch Elisabeths Ehemann, Kaiser Franz Joseph, fand Eingang in das Gedicht über die ehemaligen Geliebten:

> Doch eine Pause tritt nun ein:
> Der letzte hängt abseits;
> Denn war er auch nur winzig klein,
> Macht' doch mir 's ärgste Kreuz. (…)

> Er war ein Vollblut-Eselein,
> Voll Eigensinn und Laun', (…).
> Voll Mucken stak's im großen Kopf
> Und hinterm Ohr faustdick; (…).

> Schließlich war ein lieber Schatz
> Trotz alle dem Gefrett: –
> Drum hat er auch den Ehrenplatz
> In meinem Kabinett!

Ja, und das muss man wirklich sagen, trotz alledem Gefrett ist das Kaiserpaar doch sein ganzes Leben lang miteinander durch dick und dünn gegangen. Elisabeth hat in der Öffentlichkeit ohne Wenn und Aber zu ihrem Ehegatten gehalten. Gerade schwierige Situationen zu meistern, ist ihr leichter gefallen als ewig langweilig zu repräsentieren. Die beiden haben sich letzten Endes recht gut arrangiert miteinander und sich viele, viele Briefe geschrieben.

Ersatz für sich selbst

Elisabeth hat gewusst, dass der Kaiser eine Frau an seiner Seite braucht, jemanden, der seine alltäglichen Sorgen mit ihm teilt, ihm zuhört und Anteilnahme an seinen Sorgen zeigt. Elisabeth hat auch erkannt, dass sie ihrem Gemahl diese Frau nicht sein kann. Also hat sie sich um einen Ersatz für sich selber umgeschaut. Und da ist ihr die junge Schauspielerin Katharina Schratt gerade recht gekommen. Der Kaiserin ist bei einem Besuch im Burgtheater aufgefallen, wie »angetan« ihr Gemahl von der dreiundzwanzig Jahre jüngeren Schratt war.

Schon die erste persönliche Begegnung zwischen den beiden lieferte Stoff für den Hoftratsch: Neue Burgtheaterschauspieler mussten sich in einer Audienz beim Kaiser für ihre Einstellung bedanken. Nachdem die junge Kathi noch nie bei einer Audienz gewesen war, gab ihr ein guter Freund Benimmunterricht. Wichtigste Botschaft war: »Hofknicks machen, keinesfalls setzen! Bedanken, wieder Hofknicks und rückwärts gehend den Raum verlassen.« Katharina Schratt hatte vor dieser persönlichen Begegnung mit dem Kaiser riesige Angst, war schrecklich aufgeregt und nervös. Gut nur, dass der Zeremonienmeister einige Minuten vor dem Einlass jedem einzelnen Audienzbewerber das Eintrittsritual noch einmal erklärt hat: Wenn die Flügeltüre ins Audienzzimmer aufging, hatte der erste leichte Knicks ausgeführt zu werden, während langsamem Schreiten zwischen der Türe und dem Kaiser der zweite und ungefähr eine Armlänge von ihm entfernt der dritte. Nachdem diese Übung wunderbar gelungen war, setzte die aufgeregte Kathi zu ihrer Dankesrede an. Die Arme ist aber vom Kaiser völlig aus der Fassung gebracht worden, weil der sie einfach unterbrochen hat, und gefragt, ob sie sich nicht setzen wolle. Katharina Schratt war ihm auf Anhieb sympathisch und er wollte ein paar mehr Worte mit ihr wechseln als vorgesehen. Die verwirrte Katharina hat sich aber sklavisch an das Protokoll halten wollen, hat dankend abgelehnt und wieder mit ihrer Rede begonnen. Jetzt hat sie der Kaiser wieder unterbrochen und gefragt: »Ja, warum wollen Sie sich nicht setzen?« Da sind der Kathi die Tränen gekommen und sie hat gerufen: »Ich würde ja gerne, aber ich darf nicht!« Da hat der Kaiser so schallend laut gelacht, dass man es bis hinaus vor die Türe gehört hat. So etwas ist bei den hunderttausend Audienzen, die der Kaiser im Laufe seines Lebens gegeben hat, äußerst selten vorgekommen.

Manchmal hat er sich allerdings beim Abgang seiner Gäste das Schmunzeln nicht verbeißen können: Die Besucher durften ja laut Protokoll dem Kaiser niemals den Rücken zukehren. Das heißt, sie mussten sich, ohne nach hinten zu schauen, während sie ihre drei Verbeugungen machten, rückwärtsgehend zur Türe bewegen. Manchen fiel es schwer, den Ausgang zu treffen und sie steuerten versehentlich auf die großen Porzellanvasen an den Seitentischen zu. Meistens wurden die blind nach hinten Schleichenden von einem Lakaien unauffällig am Ärmel in die richtige Richtung gelenkt. Das ist aber der Katharina Schratt nicht passiert. Ihr Abgang war so glänzend, dass der Kaiser sie unbedingt wiedersehen wollte.

Und dazu hat er jede sich bietende Gelegenheit genutzt: Plötzlich war der Kaiser ausdauernder Besucher im Burgtheater und hat keines der Stücke ausgelassen, in denen Katharina Schratt mitspielte. Es war offensichtlich: Der Kaiser war verliebt. Und der Kaiserin war das, anders als in jungen Jahren, diesmal ganz recht. Elisabeth hat sogar die Beziehung der beiden unauffällig eingefädelt, indem sie mehrere Schauspieler zu einem offiziellen Essen eingeladen hat, wo ihr die Schratt persönlich vorgestellt wurde. Nach eingehender Unterhaltung und Begutachtung hat Elisabeth beschlossen, Katharina Schratt als »Freundin der Kaiserin« einzuführen. So konnte sich die Freundin des Kaisers ohne Aufsehen zu erregen in der Wiener Hofburg sehen lassen. Als neutraler Treffpunkt musste allerdings wieder einmal die Dienstwohnung von Ida

Ferenczy herhalten: Die Schratt besuchte Ida auf einen kleinen Plausch, während der Kaiser zufällig ebenfalls anwesend war, weil er ein wichtiges Gespräch mit der Vorleserin der Kaiserin führen wollte. Und wo landete die Ida inzwischen? Natürlich bei der Tante Fanny – der einzigen, mit der sich Ida ungezwungen über geheime Vorgänge am Wiener Hof unterhalten konnte. Das Ehepaar Feifalik und Ida Ferenczy waren verschwiegen bis weit über Elisabeths Tod hinaus. Als der Kaiser Katharina Schratt zum ersten Mal in ihrer Villa besuchte, wussten das auch Elisabeth, Ida und Fanny. Manchmal machte das Kaiserpaar gemeinsam mit der »Freundin« Ausflüge. Vor allem in Bad Ischl unternahm das Dreiergespann oft stundenlange Spaziergänge.

Für das, was man damals Anstand, Benehmen und Etikette nannte, hatte die Kaiserin nie besonders viel übrig. Auch nicht in der Sommerfrische in Bad Ischl. Da hat sich Sisi ja, wie schon erzählt, auf dem Berg gleich hinter der Kaiservilla nackt gesonnt. Es hat sie zwar niemand dabei gesehen, aber trotzdem war es ein Skandal. Doch was die Beziehung des Kaisers zur Schratt angeht, hat sie sich wirklich äußerst große Mühe gegeben, sie skandalfrei zu halten. Bald ist die Schratt auch regelmäßig zum Geburtstag und zu Weihnachten mit Geschenken bedacht worden. Die Damen haben sich meist selber Schmuck aussuchen dürfen, der ihnen gefiel. In der Vorweihnachtszeit kam der k. u. k. Hof- und Kammerjuwelier auf Besuch und stellte den Damen seine neueste Kollektion vor. Die ausgewählten Schmuckstücke wurden wiederum in einem mit Samt ausgelegten Koffer ganz speziell arrangiert und dem Kaiser präsentiert. Der wusste sofort, dass der zentral in der Mitte liegende Schmuck für Elisabeth gedacht war, rechts und links für die Töchter und – ich glaube, links unten – für Katharina Schratt. So wusste der Kaiser, wer welches Schmuckstück ausgesucht hatte, ohne dass der Juwelier einen Namen nennen musste!

Die beiden Damen haben sich in den Briefen des Kaisers sogar gegenseitig Grüße ausrichten lassen und waren über den jeweiligen Gesundheitszustand der anderen bestens informiert. Die Geliebte und die Ehefrau tauschten sogar Gesundheitstipps aus, die der Kaiser zwischen seinen beiden Damen hin und her übermittelte. In einem Brief an Katharina Schratt schrieb er: »Die Kaiserin lasst sie bitten, ja kein kaltes Meerbad in dieser Jahreszeit zu nehmen, dagegen empfiehlt sie Ihnen Bäder von warmem Seewasser und dann Abschütten mit kaltem.«[30] Der Kaiser war bei diesen Tipps immer sehr beruhigt, dass die eine wie die andere offensichtlich über eine so robuste »Rossnatur« verfügte, dass sie alle ihre Kuren unbeschadet überlebten. Elisabeth ihrerseits war zufrieden, dass sich jemand um ihren Mann kümmerte, wenn sie selber auf Reisen war. Viele Jahre vor ihrem Tod hat Sisi ihrer jüngsten Tochter Marie Valerie geraten, dem Vater eine Heirat mit der Schratt nahezulegen, wenn sie selber nicht mehr am Leben sei. Es heißt, dass die beiden wirklich im Geheimen geheiratet haben. Aber auch da gibt es keinen schriftlichen Beweis. Katharina Schratt hat sich aber wirklich rührend um den Kaiser gesorgt. Bei ihr hat er immer Zuflucht finden können, wenn es ihm schlecht ging – und auch sonst. In der Sommerfrische besuchte Franz Josef seine Freundin fast täglich in ihrer Villa in Bad Ischl und redete stundenlang mit ihr. Dieses ganz normale Leben hat ihm extrem gut getan. Frau Schratt hat sogar jeden Morgen einen frischen Guglhupf für den Kaiser gebacken. Das hätte eine Kaiserin schon alleine wegen ihres hohen Standes gar nicht gedurft! Zwar hat die Schratt den Guglhupf meistens doch lieber heimlich aus dem Café Zauner liefern lassen, aber dem Kaiser hat er trotzdem gleich doppelt so gut geschmeckt.

In der Zeitung stand einmal zu lesen: »Seine Majestät bestieg gestern in bester Verfassung die Hohe Schratt.« Gemeint war ein Jagdausflug des Kaisers auf die »Hohe Schrott«. Ein brisanter Druckfehler. Ob es allerdings wirklich ein Druckfehler war, sei dahingestellt.

Geniestreiche

Das Fräulein Amalie hat es ziemlich beschäftigt, wenn in der Zeitung oder in Büchern von der mangelnden Intelligenz der Kaiserin Elisabeth die Rede war. Sisi musste die in ihrer Kindheit versäumte Bildung erst nachholen, das stimmt. Das hat sie allerdings sehr intensiv betrieben. Als sie der kaiserlichen Familie eröffnete, Ungarisch lernen zu wollen, hat man nicht gedacht, dass sie es in dieser Sprache besonders weit bringen würde. Ihre peinlichen Redeversuche auf Tschechisch haben nicht Anlass zu der Annahme gegeben, die Kaiserin könnte in irgendeiner Weise sprachbegabt sein. Dass sie einmal in makellosem Ungarisch vor dem Reichstag in Ungarn eine Rede halten würde, die ihre Zuhörer zu Begeisterungsstürmen hinriss, war eine außerordentliche Überraschung. Im Alter von fünfzig Jahren sprach Elisabeth nicht nur Ungarisch, sondern auch Neugriechisch so gut, dass sie übungshalber Shakespeares »Hamlet« aus dem Englischen ins Neugriechische übersetzte, oder Lord Byrons Gedichte ins Deutsche. Elisabeth war durch ihr hartnäckiges Studium zu einer ausgewiesenen Griechenlandkennerin geworden.

Heinrich Heine nur als Elisabeths Lieblingsschriftsteller zu bezeichnen, wäre wahrscheinlich stark untertrieben. Sisi selbst bezeichnete ihn als ihren »Meister« und hatte ein Bild von ihm über ihrem Bett hängen. Sie versuchte sogar, in spiritistischen Sitzungen Kontakt mit ihrem Idol aufzunehmen. Manche ihrer Gedichte, behauptete Elisabeth, habe ihr der Meister höchstpersönlich diktiert. Durch die äußerst intensive Beschäftigung mit seinem Werk hatte sie sich ganz sicher zur Heine-Expertin entwickelt. Bei einem Heine-Vortragsabend beispielsweise merkte Sisi sofort, dass der Rezitator des Abends bei einem Gedicht eine Strophe weggelassen hatte. Außer ihr war das niemandem aufgefallen. Das hat für einige Überraschung und für so manch anerkennendes Nicken gesorgt. Ein Berliner Literaturhistoriker hat sogar einmal Elisabeths Meinung zu drei unveröffentlichten Gedichten Heines eingeholt. Von einem der drei Gedichte hat sie behauptet, es wäre nicht von ihrem geliebten Dichter. Erst viel später hat eine Untersuchung ergeben, dass Elisabeth mit dieser Einschätzung recht gehabt hatte.

Aber es war nicht so, dass sich die Kaiserin ausschließlich mit Heinrich Heine beschäftigt hätte. Es gab auch viele andere Schriftsteller, die sie interessierten. Elisabeths Lieblingsstück war unumstritten »Shakespeares Sommernachtstraum«. Den Text dieser Komödie kannte sie fast auswendig. In ihren Gedichten hat Elisabeth oft sich selbst als Feenkönigin Titania bezeichnet und Franz Joseph als Elfenkönig Oberon. In jedem ihrer Schlösser ließ sie ein Bild aufhängen, das Titania mit einem Esel zeigt. Der Geliebte als Esel war ja eines ihrer Lieblingsthemen!

Gemeinsam mit Marie Valerie hatte sie sich vorgenommen, Goethes »Faust« in der ungekürzten Fassung zu lesen – und es geschafft! Altgriechisch hat sie gelernt, um »Homer« im »Urtext« zu lesen und Neugriechisch, um mit den Menschen in Griechenland reden zu können. Manchmal hat sich Elisabeth gewünscht, dass die Tage doppelt so lang sein möchten, weil ihr vor lauter Lernen und Lesen die Zeit zu kurz geworden war. Sogar die Fanny konnte bald recht gut Neugriechisch, weil die Griechischstunden während des Frisierens abgehalten wurden. Der Kaiserin aber haben die Frisierstunden für den Sprachunterricht bald nicht mehr ausgereicht. Also musste ihr griechischer Vorleser auf gemeinsamen Spaziergängen Konversation betreiben oder im Laufschritt hinter der Kaiserin herrennen und aus einem Buch vorlesen. Die Fanny hat schon damit gerechnet, eines Tages die Kaiserin beim Spaziergehen frisieren zu müssen!

Der österreichische Konsul auf Korfu war von der Bitte Elisabeths, sie auf ihren Spaziergängen zu begleiten, überhaupt nicht begeistert. Er galt als der beste Griechenlandkenner und

Elisabeth war lernbegierig. Sein erster Eindruck von ihr: »Ich fand sie hässlich, alt, spindeldürr aussehend, schlecht angezogen und hatte den Eindruck, nicht eine Närrin, sondern eine Wahnsinnige vor mir zu haben, so dass ich förmlich traurig wurde.« Nach kürzester Zeit aber hatte Elisabeth den Konsul um den Finger gewickelt, erzählte Fräulein Amalie belustigt, denn er beschreibt sie später als »eine der bezauberndsten Erscheinungen, die mir im Leben begegnet. 4 Stunden ging ich neben oder – wenn der Fußsteig zu schmal war – immer unmittelbar hinter ihr, und machte sie mich unablässig reden, dass mir der Kehlkopf abends ganz entzündet war (…)« Und noch ein paar Tage später schreibt er: »Sie ist bezaubernd, liebenswürdig. Kann der Frau nicht widerstehen (…).«

Dass Elisabeth dumm wäre, hat er nach eingehender Unterhaltung mit ihr nicht mehr behaupten wollen. Im Gegenteil: »Es ist das jedenfalls eine geistig sehr hochstehende Natur, die mich im höchsten Grade interessiert. (…) Es wäre auch sonst nicht zu begreifen, dass ihr der Kaiser so viel Rücksicht zollt.«

So manches an seiner vielgeliebten Elisabeth hat der Kaiser aber nicht begriffen.

Dass sie in Ithaka auf den Spuren von Odysseus wandelt, die Stelle aufsucht, an der er angeblich an Land gegangen ist, ist ihm unbegreiflich und er schreibt: »Es freut mich, dass Dir Ithaca so unendlich gefällt. Dass es nervenberuhigend und still ist, will ich glauben, aber dass es schöner wie Hallstatt sein soll, scheint mir unmöglich (…).«[31]

Dass Franz Joseph mit den »Wolkenkraxeleien« seiner Engels-Sisi nichts anfangen konnte, hat Marie Festetics scharfsinnig auf eines zurückgeführt: »Die poetische Ader ist nicht sehr in ihm entwickelt.« Kein Wunder also, dass Elisabeth dem Gemahl ihre Gedichte nicht mehr vorlesen wollte. Zu den wenigen Personen, denen sie überhaupt Gedichte vorgelesen hat, gehörte ihre Lieblingstochter Marie Valerie und, man höre und staune: Graf Gyula Andrássy. Er schrieb an Elisabeths Obersthofmeister: »Du weißt, welch hohe Meinung ich immer von ihrem Geist und Herzen hatte, aber seitdem ich einige

142

ihrer Gedichte gelesen, ist diese Meinung bis zur höchsten Bewunderung gestiegen, und dazu, dass sich in ihr mit so viel Verstand, der selbst dem größten Manne zur Ehre gereichen könnte, so viel Gemüt vereint, kann ich kurz nur sagen, dass eine zweite solche Frau nicht auf der Erde existiert.«[32]

Das Gedicht der Frau Ritter Blaubart hat Elisabeth erst geschrieben, als Andrássy schon tot war. Fräulein Amalie glaubt aber nicht, dass er deswegen seine Bewunderung für Elisabeth geändert hätte.

Das Tattoo

Alle nur möglichen Geschichten hat das Fräulein Amalie über die Sisi gewusst. Nur eine hat sie mir nicht erzählt, die habe ich aus der Zeitung erfahren:

Kaiserin Elisabeth hatte eine Tätowierung! Im Alter von einundfünfzig Jahren hat sie sich auf einer Mittelmeerreise einen Anker auf das linke Schulterblatt tätowieren lassen. Historiker hatten das eben erst herausgefunden und es war ein Skandal! So etwas hat man doch noch nie gehört: Eine Kaiserin mit einem Tattoo! Und ausgerechnet die süße, liebliche Sisi!

Weil sie auf ihren vielen Schiffsreisen die Tätowierungen der Matrosen so beeindruckend fand, wollte sie unbedingt auch eine haben. Tatsächlich hat sich die Kaiserin irgendwo am Mittelmeer in eine verdreckte Hafenspelunke begeben und sich den Anker stechen lassen. Für die Matrosen diente eine Tätowierung als Zeichen, über das man sie identifizieren konnte, wenn sie auf dem Meer umgekommen waren. Sisi war der Anker als Symbol der Hoffnung wichtiger: Hoffnung als einzig möglicher Halt für ein umherirrendes Schiff auf dem Meer. Vielleicht auch ein Symbol der Hoffnung für eine Kaiserin, die durch das Mittelmeer reiste, um ihrem Leben Sinn zu geben. Der Anker gibt Halt und ermöglicht, auch im Sturm der Gefühle Ruhe zu bewahren. Das hat zu Sisis melancholischer Veranlagung recht gut gepasst, finde ich. Aber ein großes Risiko ist sie damit schon eingegangen, sich in einer schmutzigen Hafenkneipe ohne Desinfektionsmöglichkeiten so etwas machen zu lassen. Gerade, wo sie sonst ja so empfindlich und kränklich war! Ganz zu schweigen von dem gesellschaftlichen Skandal, der entfacht worden wäre, wenn jemand das Tattoo gesehen hätte. Nicht auszudenken! Schulterfreie Kleider konnte sie ab diesem Zeitpunkt nicht mehr tragen. Der Kaiser war natürlich überhaupt nicht erfreut, das kann man sich leicht vorstellen. Er hat seine jüngste Tochter, Marie Valerie, sogar gefragt, ob sie schon über die furchtbare Überraschung geweint habe, dass sich die Mama einen Anker hat stechen lassen. Marie Valerie fand das aber eher originell und gar nicht entsetzlich.

Als ich den Zeitungsbericht gelesen hatte, war ich erst einmal irritiert und habe mich gefragt, warum mir das Fräulein Amalie nichts von dem Tattoo erzählt hat. Wusste sie nichts davon? Ich konnte kaum den nächsten Besuch bei ihr abwarten. Endlich war es soweit: Ungeduldig habe ich aus der Rüschenkanne den Kaffee eingeschenkt und zwei Stück Zucker in Fräulein Amalies Kaffeeschale plumpsen lassen. Ungeduldig habe ich beim Aufschneiden des Guglhupfs zugeschaut und ungeduldig schweigend gegessen. Dann aber platzte ich mit meiner Frage heraus: »Fräulein Amalie, ich habe in der Zeitung gelesen, dass Sisi eine Tätowierung hatte. Haben Sie das gewusst?« Meine Nachbarin schien keineswegs überrascht, rührte mit dem Löffel nachdenklich in ihrer Melange und sagte nur: »So, so – eine Tätowierung.« Dann legte sie den Kaffeelöffel auf ihre Untertasse und fragte unvermittelt: »Welche von den Tätowierungen meinst du denn, Kinderl?« Da war ich wieder ziemlich überrascht und antwortete verblüfft: »Na, den Anker auf dem linken Schulterblatt.« Das Fräulein erwiderte gelassen: »Ach so, das ist ja nur die kleine!« Messerscharf habe ich daraus geschlossen, dass es auch eine große geben musste. Und so war es auch. Die Geschichte, die mir das Fräulein Amalie dann erzählt hat, ist wirklich unglaublich. Sie hängt mit dem bayerischen König Ludwig II. zusammen:

Der war bei der feierlichen Verabschiedung der jungen Braut in München noch ein Kind, denn er war acht Jahre jünger als seine »Cousine«. Als Kinder hatten Ludwig und Sisi nicht viel miteinander zu tun. Aber als Ludwig dann, mit achtzehn Jahren schon, König von Bayern geworden war, da haben sich die beiden recht gut miteinander angefreundet. Auf einer Kur in Bad Kissingen sind sie stundenlang miteinander spazierengegangen und haben sich angeregt über Gott und die Welt unterhalten. Erfreut haben die zwei festgestellt, dass sie sehr viel gemeinsam haben: Beide haben das höfische Zeremoniell verabscheut und mochten es nicht, von vielen Leuten »begafft« zu werden. Auf ihren Spaziergängen haben die in ihrer Blüte stehende Kaiserin und der junge König damals schon gewirkt wie zwei Märchenwesen, so als wären sie gar nicht von dieser Welt. Er groß, schlank, dunkles welliges Haar und immer mit dem guten Duft seines Parfums Chipre, einer Mischung aus Baumharz, Zitrone und Patschuli, umgeben. Sie, ebenfalls groß und schlank, aber von zierlicher Anmut und Lieblichkeit. Besser als ihre Hofdame, Marie Festetics, kann sie wahrscheinlich keiner beschreiben: »Sie ist die Verkörperung des Begriffes Lieblichkeit. Einmal denke ich, sie sei eine Lilie, dann wieder: ein Schwan, eine Fee oder eine Elfe.«

Die Roseninsel im heutigen Starnberger See war der perfekte Rückzugsort für die beiden Märchenwesen. Hier waren sie vor den neugierigen Blicken der »Gaffer« sicher. Hier konnten sie tun und lassen, was sie wollten. Und das haben sie auch gemacht. Oft und oft haben sie sich auf dieser romantischen Insel getroffen, die Ludwig von seinem Vater geerbt hatte. Sisi hat sich mit einem kleinen Boot von Possenhofen herüberrudern lassen und Ludwig ist mit dem Dampfschiff »Tristan« von Berg gekommen. Die Kaiserin hatte freien Zutritt zur Roseninsel, auch wenn Ludwig nicht da war. Dieses Privileg hat sie sehr gerne in Anspruch genommen, denn auf der Insel konnte Sisi rauchen, nackt baden oder sich sonnen – keine ungebetenen Zuschauer konnten sie überraschen. Wenn sich die beiden verpasst haben, was ja leicht sein konnte, weil Ludwig als König Regierungsgeschäfte erledigen musste oder Sisi irgendwo in der Weltgeschichte unterwegs war, dann haben sie einander wenigstens Gedichte hinterlassen. Erst hat Sisi eines geschrieben, und wenn Ludwig es fand, dann hat er ihr auch wieder eines als Antwort in seiner Schreibtischschublade hinterlegt. Die Gedichte sind noch erhalten. In einem bezeichnet Sisi ihren »Cousin« als »Adler der Lüfte« und schickt ihm einen Gruß. Ludwig bedankt sich für der »Möwe Gruß« und erinnert sich an die schöne Zeit, die sie miteinander verbracht haben.

In dieser Zeit haben sie den Stress am Hof vergessen und sind herumgetollt wie die Kinder. Sie haben mit lautstarken Kriegsgesängen Cowboy und Indianer gespielt. Ludwig hat seiner Sisi aus dem »Lederstrumpf« vorgelesen. Ein anderes Mal wurde Tristan und Isolde oder Parzival und Elsa gespielt und wahrscheinlich hat der Bayernkönig der Kaiserin auch Gruselgeschichten seines damaligen Lieblingsschriftstellers Edgar Alan Poe vorgelesen.

Einmal ist die Kaiserin auf die Idee gekommen, sich von Ludwig in einer ungewöhnlichen Pose fotografieren zu lassen. Ludwig hatte schon mit fünfzehn Jahren einen dieser modernen »Photographier-Apparate« von seinem Vater geschenkt bekommen und mit großer Leidenschaft fotografiert. Es gibt viele Aufnahmen, die ihn zeigen, wie er mit seinem Stativ dasteht und fotografiert. Man weiß nur nicht genau, was er fotografiert hat, weil leider kein einziges Bild erhalten geblieben ist. Manche sagen, es habe sich hauptsächlich um Landschaftsfotografie gehandelt. Aber genau weiß man es eben nicht. Nicht einmal das Fräulein Amalie weiß es.

Auf jeden Fall ist Sisi auf die grandiose Idee gekommen, sich mit einer Tätowierung an geheimer Stelle von ihm fotografieren lassen. Sie hat lange überlegt, was sie sich tätowieren lassen könnte und hat sich dann für einen Adler entschieden. Ein japanischer Tätowiermeister hat ihr tatsächlich ein sehr prächtiges Exemplar mit ausgebreiteten Schwingen direkt oberhalb des kaiserlichen Gesäßes gestochen. Ein wahres Kunstwerk ist das geworden! Elisabeth hat dann ein rotseidenes Abendkleid angezogen, dessen Rückenausschnitt so tief war, dass man den wundervollen Adler in seiner ganzen ausgebreiteten Pracht sehen konnte. Dann kam die große Pose mit dem Rücken zur Kamera, verwegen über die rechte Schulter lächelnd. Über die linke Schulter fielen ihre offenen Haare in nussbraunen Wellen bis zu den Fersen hinunter, aber so, dass sie den Rücken nicht verdeckten. – Es ist ein wundervolles Bild geworden! Ludwig war so begeistert davon, dass er in seinem Überschwang gar nicht wusste, was damit anfangen. Einrahmen lassen und an die Wand hängen wäre ein Ding der Unmöglichkeit gewesen. Also hat er sich etwas anderes überlegen müssen und ist auf eine sehr gute Idee gekommen, die für niemanden kompromittierend war: Er hat beschlossen, die Fotografie in der Brusttasche seines Sakkos immer bei sich zu tragen. So konnte er sie jederzeit betrachten, wenn ihm der Sinn danach stand. Ja, und so hat er es anscheinend auch gemacht, wie mir das Fräulein Amalie versichert hat. Sein ganzes Leben lang – bis er gestorben ist.

In den Wirren um den Tod des Königs ist die Fotografie einfach verschwunden. Keiner hat gewusst, was mit ihr geschehen ist, bis sie plötzlich gemeinsam mit einem Erpresserbrief bei Kaiser Franz Joseph wieder aufgetaucht ist. Ausgerechnet bei ihm, der überhaupt nichts übrig gehabt hat für die »Wolkenkraxeleien« seiner Gemahlin, wie er ihre verrückten Ideen genannt hat. Bei ihm, der eigentlich mehr ein Beamtentyp war, der wollte, dass alles seinen ordentlichen Gang geht und der mit dem unkonventionellen Benehmen seiner Frau arg zu kämpfen hatte. Ausgerechnet er bekommt, gleich zum Frühstück, auf einem silbernen Tablett diesen Brief serviert. Darin stand, natürlich der Zeit entsprechend sehr schön formuliert, wenn Seine Majestät nicht wünsche, dass diese Fotografie einer größeren Menge von Menschen zur Verfügung gestellt werde, solle Seine Majestät 300 000 Gulden auf einen bestimmten Namen postlagernd nach Amsterdam schicken. Der Kaiser war außer sich! Man stelle sich diesen Skandal vor: Die österreichische Kaiserin, halbnackt mit einer Tätowierung oberhalb ihres allerhöchsten Gesäßes!

Nicht auszumalen, wie so etwas ausgehen kann! In allerhöchster Alarmstufe hat der Kaiser sein Notkabinett zusammengetrommelt. Nach stundenlanger Beratung wurde ein zehnköpfiges Sonderkommando zusammengestellt, das Hugo Feifalik leiten sollte. Wir kennen ihn ja schon, er ist der Ehemann von Tante Fanny. Er wurde gerne mit heiklen und vertraulichen Angelegenheiten betraut. Deswegen wissen wir ja auch so genau, wie es damals bei dieser miserablen Erpressung zugegangen ist. Herr Feifalik musste seiner Frau alles haarklein erzählen, damit sie es unter vorgehaltener Hand der Kaiserin weiterflüstern konnte. Der Kaiser war viel zu edelmütig, um mit Sisi über solche Angelegenheiten zu sprechen – er wollte sie nicht kompromittieren! Das Fräulein Amalie war sehr stolz, dass der Ehemann der Tante Fanny diesen Fall in Nullkommanichts gelöst hat: »Weißt, Kinderl, gute Leut hat er ja immer gehabt, unser Kaiser!«

Nur drei Tage hat es gedauert, bis Hugo Feifalik dem Erpresser auf die Spur gekommen ist, und er musste dafür nicht einmal nach Amsterdam reisen. Der Gauner war ein Wiener Fotograf, der kurz vor dem Bankrott stand. Auf dubiose Art und Weise war die Negativplatte der Fotografie in seine Hände gekommen. Er hat sofort erkannt, um welch brisantes Material es sich hier handelt. Durch die Erpressung hatte er sich eine Sanierung seiner persönlichen Verhältnisse erhofft. Diese Hoffnung ist durch die messerscharfe Kombinierfähigkeit des Hugo Feifalik gründlich in die Hosen gegangen! Siegesgewiss ist er bei den Herren des Notkabinetts einmarschiert, das Corpus Delicti, die Negativplatte, unter den Arm geklemmt – das waren ja noch riesige Dinger damals – und den Herrn Fotografen hat er auch gleich gefesselt mit dabei gehabt, »den Herrn Haderlumpen«, wie das Fräulein Amalie ihn passend bezeichnet hat. Nachdem Feifalik den hohen Herren die Sachlage dargelegt hatte, wurde er für seine außerordentliche Leistung natürlich hoch gelobt. Die Negativplatte wurde unter Aufsicht von Zeugen mit einem Hammer zerschlagen. So war das Problem mit einem Schlag aus der Welt! Als einziges Problem blieb noch »der Herr Haderlump«. Seine Majestät hat überlegt, den gemeinen Erpresser ins Gefängnis zu stecken, aber dann hätte er einen Grund angeben müssen, den man in komplizierten Protokollen hätte niederschreiben müssen. Das wollte er aber unbedingt vermeiden. Also hat er beschlossen, den Fotografen auf das Allerschärfste verwarnen zu lassen. Er musste bei allem, was ihm heilig war, schwören, dass er niemanden ein Sterbenswörtchen von dieser Angelegenheit erzählen werde. Außer dass er sein Leben lang bespitzelt und bewacht wurde, ist der Missetäter also ungeschoren davongekommen. Ganz klein mit Hut, aber mit einem breiten Grinsen konnte er die Hofburg wieder verlassen.

Was war der Kaiser erleichtert, dass diese peinliche Sache so glimpflich ausgegangen war! Er ging zu seinem Schreibtisch, lehnte sich entspannt in seinem Stuhl zurück und wollte sich gerade eine Virginia gönnen, da ist ihm plötzlich eingefallen, dass es ja die Fotografie noch gibt! Die hatte er nämlich in der ganzen Hektik in seiner Schreibtischschublade verschlossen und ganz darauf vergessen. Jetzt, wo alles vorbei war, hat er die Aufnahme aus seiner Schublade herausgeholt und sich die Zeit genommen, die Aufnahme ausführlich zu betrachten. Und das Bild hat ihm ausnehmend gut gefallen! Denn trotz ihrer großen Verschiedenheit hat er seine Frau innig geliebt, seine Engels-Sisi, wie er sie in intimen Situationen nannte. Kurz und gut, er hat es nicht übers Herz gebracht, diese »wundersame Fotografie« zu verbrennen, zu zerschneiden oder sonst wie zu zerstören. Das Foto in einem schönen Silberrahmen zu den Familienbildern am Schreibtisch zu stellen, wäre aber alles andere als passend gewesen. Also beschloss der Kaiser es so zu machen, wie weiland König Ludwig II. Er trug das Bild, das Sisi in einem rückenfreien Abendkleid zeigt, einen Adler mit ausgebreiteten Schwingen eintätowiert und ihr wundervolles Haar bis zu den Fersen fallend, sein Leben lang in seiner Brusttasche mit sich.

Fräulein Amalie hat mir noch erzählt, dass der Kaiser sogar verfügt habe, dass, wenn er einmal gestorben sei, ihm das Bild im Sarg auf seine Brust gelegt werden solle. Und so ist es auch geschehen – zumindest laut Fräulein Amalie. Ob es wirklich stimmt, kann ich natürlich nicht sagen. Aber selbst wenn nicht, dann ist es zumindest eine wunderschöne Geschichte!

Fräulein Amalie wusste übrigens von einem weiteren

Erpressungsversuch zu berichten: Ein in ewigen Geldnö-
ten steckender Spielwarenhändler hatte ein Abbild von Sisis
Gesicht auf ein Aktfoto montiert, das eine barbusige, Lyra
spielende Dame zeigte. Der Schwindel ist aber ganz schnell
aufgeflogen, denn: »Gute Leut hat er ja immer schon gehabt,
unser Kaiser!« Es war aber immerhin so, dass die stümper-
hafte Montage sehr leicht als Fälschung zu erkennen war. Der
Kopf Elisabeths passte überhaupt nicht zum üppigen Körper
der Frau. Der Erpresser wollte übrigens sein Geld auch nach
Amsterdam geschickt bekommen. Das dürfte damals ein hei-
ßes Pflaster gewesen sein!

Kein Schönheitsideal

Die Kaiserin hat eigentlich mit ihrer überschlanken Figur überhaupt nicht dem Schönheitsideal der Zeit entsprochen. Die moderne Wienerin damals war eher ein fülliger, wohlproportionierter Typ. Die Metternich hat diese Voraussetzungen perfekt erfüllt. Leider hatte sie kein hübsches Gesicht, das war ihr großes Handicap. Umso entsetzter hat sie sich gegeben, dass die Kaiserin so schrecklich mager und übel aussieht! Aber Elisabeth hat sich nicht von ihrem persönlichen Schönheitsideal abbringen lassen.

Dabei waren es nicht die ebenmäßigen Gesichtszüge oder die perfekte Figur, die den Ruf der Kaiserin als schönste Frau Europas begründet haben. Es war das gewisse Etwas, die Aura und Ausstrahlung Elisabeths, die immer wieder beschrieben und besprochen wird. Die preußische Kronprinzessin Viktoria hat ihrer Mutter über diese ungewöhnliche Schönheit berichtet: »Ich bin ganz begeistert von der Kaiserin. Ihre zwar nicht ganz regelmäßige Schönheit ist unübertrefflich. Ich habe nie etwas so Blendendes oder Pikantes gesehen. Die Gesichtszüge sind nicht so schön, als sie auf den meisten Bildern dargestellt sind, aber der Gesamteindruck ist viel liebreizender, als irgendein Gemälde es auch nur im entferntesten wiederzugeben vermag (…).«[33]

Irgendwie muss das stimmen, denn wenn wir die Bilder der Kaiserin Elisabeth von Österreich betrachten, dann sind diese zwar prächtig und schön anzuschauen. Aber das Gesicht Elisabeths ist so außergewöhnlich schön auch wieder nicht, wie alle Gesandten und Besucher in ihren Berichten schwärmen. Es muss also etwas gewesen sein, das wir heute nicht mehr einfangen können. Doch den letzten Rest dieser Ausstrahlung können wir zumindest durch die Geschichten, die überlebt haben, erspüren. Auch Marie Valerie hat darüber nachgedacht und in ihr Tagebuch geschrieben, dass kein Bild ihre Mutter so zeigt, wie sie wirklich war.

Es gibt so viele unterschiedliche, manchmal auch gegensätzliche Bilder und Geschichten von Elisabeth, dass es tatsächlich schwierig ist, sich ein »Bild« von ihr zu machen, ohne sie persönlich gekannt zu haben. Wahrscheinlich ist es gerade dieses Geheimnisvolle, dieses nicht Greifbare, das Elisabeth, Kaiserin von Österreich und Königin von Ungarn, Böhmen etc. so faszinierend für uns macht. Was mir das Fräulein Angerer aber deutlich mit ihren Geschichten vor Augen geführt hat, ist, dass sich im Laufe von Elisabeths Leben ein ziemlicher Wandel in ihr vollzogen hat. Aus dem schüchternen bayerischen Landmädel wurde eine extravagante und exzentrische Frau, die ihren Ruf, die schönste Frau ihrer Zeit zu sein, schon zu Lebzeiten verteidigen wollte.

Elisabeth hat es sich zum Ziel gesetzt, als jugendliche Schönheit in die Geschichte einzugehen. Das ist ihr auch vortrefflich gelungen, denn wirklich niemand denkt an eine ältliche, runzlige Großmutter, wenn von der österreichischen Kaiserin die Rede ist. Obwohl sie das in den letzten Jahren ihres Lebens war. Immerhin ist Sisi sechzig Jahre alt geworden und ihre Haut war durch die vielen Aktivitäten im Freien nicht nur braungebrannt, sondern mit vielen Falten gesegnet. Um sich den Ruf der schönen Kaiserin zu erhalten, hat sich Sisi schon seit ihrem einunddreißigsten Lebensjahr nicht mehr fotografieren und ab dem zweiundvierzigsten Geburtstag nicht mehr porträtieren lassen. In den letzten Lebensjahren zeigte Elisabeth ihr Gesicht in der Öffentlichkeit überhaupt nicht mehr. Sie versteckte es hinter einem Fächer oder einem Sonnenschirm. Paparazzi versuchten natürlich immer wieder, ihr Gesicht zu fotografieren. Aber Sisi zog, wie ein Westernheld, blitzschnell ihren Fächer hervor und hielt ihn vors Gesicht – weshalb sie nur mehr »die Dame mit dem Fächer« genannt wurde.

Zufällige Ermordung

Im Kindesalter sollen Sisi, ihre Schwester Sophie und der spätere König Ludwig II. einmal an den Ufern des Starnberger Sees, der damals noch Würmsee hieß, gespielt haben. Als sie eine Zigeunerin des Weges kommen sahen, rannten die Kinder zu ihr hin und baten sie, ihnen die Zukunft aus der Hand zu lesen. Denn Zigeunerinnen waren immer schon für ihre Handlesekunst bekannt. Die Frau schaute bereitwillig die Hände der Kinder an und erschrak. Sie weigerte sich, ihnen zu sagen, was sie gesehen hatte. Nein, auf keinen Fall würde sie ihnen die Zukunft verraten! Doch als die Kinder jammerten und bettelten und ihr Geld boten, ließ sie sich doch erweichen. Sie sagte voraus, dass alle drei eines unnatürlichen Todes sterben würden: Ludwig durch Wasser, Sophie durch Feuer und Elisabeth durch Eisen. Leider ist diese Prophezeiung wahr geworden: Ludwig wurde im Alter von vierzig Jahren tot im Starnberger See gefunden, Sophie kam bei einem Brand während einer Wohltätigkeitsveranstaltung in Paris ums Leben und Elisabeth wurde mit einer Eisenfeile in Genf erstochen.

Der Attentäter, Luigi Lucheni, war ein italienischer Anarchist, der in der Schweiz arbeitete und eigentlich den italienischen König Umberto umbringen wollte. Nachdem er sich aber die Reise nach Italien nicht leisten konnte, plante er stattdessen, den französischen Prinzen Henry von Orléans zu ermorden. Aus irgendeinem Grund sagte der Prinz allerdings seinen Aufenthalt in Genf ab. Lucheni war ratlos. Doch dann stand in der Zeitung, Kaiserin Elisabeth von Österreich sei im Hotel »Beau Rivage« abgestiegen. Eigentlich hätte diese Meldung nicht in der Zeitung stehen dürfen, denn Elisabeth war inkognito, unter dem Namen »Gräfin von Hohenembs«, unterwegs. Das war sehr praktisch, denn auf diese Weise konnte auf offizielle Begrüßungsfeiern und Festreden verzichtet werden. Lucheni jedenfalls las die Meldung und beschloss kurzerhand, die österreichische Kaiserin zu ermorden, die ebenfalls der ihm verhassten Aristokratie angehörte. Er besorgte sich eine Werkzeugfeile aus Eisen und schliff sie noch etwas spitzer und messerscharf zu. In einem Anatomieatlas hatte er sich zuvor schon angeschaut, wo ungefähr sich das Herz befindet. Da wollte er hineinstechen. Schließlich legte er sich auf die Lauer und beobachtete, die Feile im Ärmel versteckt, das Hotel. Als um die Mittagszeit Elisabeth in Begleitung ihrer Hofdame aus dem Hotel trat, um zur nahegelegenen Bootsanlegestelle zu gehen, stürzte sich Luigi Lucheni auf die Kaiserin. Blitzschnell und von der Hofdame unbemerkt stach er mitten in Elisabeths Herz. Sie taumelte zurück und fiel zu Boden. Doch der Aufprall wurde durch ihre hoch aufgesteckten Haare abgefedert, sodass die Kaiserin sich nicht ernsthaft verletzte. Durch ihr stark geschnürtes Korsett hatte auch der Stich im ersten Moment keine Auswirkungen. Elisabeth stand wieder auf und bedankte sich bei den zu Hilfe geeilten Menschen auf Deutsch, Französisch und Englisch. Rasch wurde das schmutzige Kleid gesäubert und die zwei Frauen liefen anschließend im Eilschritt zur Bootsanlegestelle. Elisabeth wollte unbedingt das Schiff erwischen. Sie überlegte noch, was der Mann wohl von ihr wollte und vermutete, dass er wahrscheinlich vorhatte, ihre Uhr zu stehlen. Erst als das Schiff abgelegt hatte, ist Elisabeth zusammengebrochen. Man wusste aber noch immer nicht, was los war, denn durch die starke Schnürung ist kein Blut nach außen getreten. Man vermutete eine vorübergehende Ohnmacht. Einmal noch machte die Kaiserin kurz die Augen auf und fragte: »Was ist mit mir?«, dann wurde sie erneut bewusstlos. Das Schiff fuhr nach Genf zurück, es wurde ein Arzt an Bord geholt und die Kleider Elisabeths geöffnet, um ihr die Brust zu reiben und nach einem Grund für die Bewusstlosigkeit zu suchen. Im Protokoll stand sogar: »Eine Tätowierung wurde sichtbar.« Wir wissen jetzt leider nicht, welche – die große oder die kleine. Aber das spielt auch keine Rolle. Man entdeckte einen rötlichen Fleck, der so winzig war, dass er im ersten Augenblick den Eindruck eines Mückenstichs machte. Erst als man das gleiche kleine Loch im Batistunterhemd der Kaiserin sah, konnte man sich einen Reim auf die Geschichte machen. Eilig wurde Elisabeth ins Hotel zurückgebracht, doch dort konnte der Arzt nur mehr ihren Tod feststellen. Den Ärzten zufolge war es ein schmerzloser Tod. Durch den kleinen Stich und die starke Schnürung konnte das Blut nur sehr langsam in den Herzbeutel fließen und so erst allmählich die Herztätigkeit zum Stillstand bringen. Elisabeths Tod war, sagte Fräulein Amalie, so wie sie sich ihn immer gewünscht hatte: schnell und schmerzlos. Das brachte sogar Luigi Luchenis Verteidiger bei der Gerichtsverhandlung vor, um eine Strafmilderung zu erwirken. Das hat freilich keine Wirkung gehabt und der Mörder ist zu einer lebenslangen Haftstrafe verurteilt worden.

Als Kaiser Franz Joseph vom Tod seiner Frau erfahren hatte, konnte er dem Überbringer der tragischen Nachricht nur sagen: »Sie wissen nicht, wie ich diese Frau geliebt habe!« Und Fräulein Amalie glaubt, dass das stimmt. Geliebt hat er Elisabeth trotz ihrer sehr gegensätzlichen Charakterzüge sein ganzes Leben lang. Die beiden haben sich gegenseitig immer sehr respektvoll behandelt und sich unzählige Briefe geschrieben.

Niemand aber wusste, nicht einmal der Kaiser, dass Sisi ein riesiges Vermögen von über zehn Millionen Gulden angehäuft hatte. Ich weiß nicht, wie viele Millionen Euro das heute wären, aber ein, zwei Schlösschen könnte man damit bestimmt kaufen. Offenbar war sie sehr geschickt darin, ihre jährliche Apanage und das sogenannte Spennadelgeld anzusparen und sich ihre hohen Sonderausgaben vom Kaiser finanzieren zu lassen. Sisi war wahrscheinlich die erste Frau in Österreich, die ein Sparbuch besaß. Und nicht nur eines, sie war im Besitz mehrerer Sparbücher, die unter verschiedenen Namen geführt wurden. Außerdem hatte sie ihr Geld in Aktien der Donaudampfschifffahrtsgesellschaft und der sehr gewinnträchtigen staatlichen Eisenbahn angelegt. Alle ihre Ersparnisse waren in der Schweiz beim Bankhaus Rothschild deponiert. Das hatte einen besonderen Grund: Elisabeth sah das Ende der Monarchie voraus. Sie hatte das untrügliche Gefühl, diese würde über kurz oder lang zerbrechen. Und für den Fall, dass die kaiserliche Familie aus Österreich ins Ausland flüchten müsste, wollte sie vorgesorgt haben. Mit zehn Millionen Gulden wäre ein bequemes standesgemäßes Leben im Ausland möglich gewesen.

Elisabeth hatte, seitdem ihr Johann Mailáth im Alter von fünfzehn Jahren Geschichtsunterricht erteilt hatte, eine Republik als vernünftigere Regierungsform angesehen. Man kann es nur als Ironie des Schicksals bezeichnen, dass ausgerechnet diese kaiserliche Republikanerin von einem Anarchisten ermordet wurde.

Es gibt aber noch etwas, das alle sehr überrascht hat: Der äußerst wertvolle Schmuck Elisabeths wurde alleine schon auf ein paar Millionen Gulden geschätzt. Von den kostbaren Hochzeitsgeschenken, Diamantdiademen, Smaragden, Perlenketten, Diamantsternen, den wertvollen Geschenken des persischen Schahs, des russischen Zaren, des türkischen Sultans und vielen anderen waren nur mehr sehr wenige Stücke vorhanden. Angeblich hatte sie diesen Schmuck im Laufe ihres Lebens verschenkt, weil ihr weltliche Werte nie sehr wichtig waren.

Fräulein Amalie hat mir allerdings einen anderen Grund genannt: Elisabeth habe ihre äußerst wertvolle Schmucksammlung dafür verwendet, um ein neues Leben aufzubauen. Sie wollte ihren Lebensabend ohne kaiserliche Bürden verbringen. Und das hängt wiederum mit dem bayerischen König Ludwig II. zusammen: Er ist vielleicht gar nicht im Starnberger See ums Leben gekommen. Bis heute gibt es ein großes Rätselraten um seinen Tod. Und das passt auch irgendwie zu Ludwig, der gesagt hat: »Ein ewig Rätsel will ich bleiben mir und anderen.« Zu den vielen Theorien, die es um seinen Tod gibt, gehört auch folgende Variante, die mir das Fräulein Amalie erzählt hat und an der angeblich auch Elisabeth beteiligt war: Als König Ludwig II. für unzurechnungsfähig erklärt wurde und in Schloss Berg eingesperrt war, hat seine Seelenverwandte am anderen Ufer des Starnberger Sees eine Fluchtkutsche für den König bereitstellen lassen. Ausgemacht war, dass Ludwig in den See hinausschwimmt, wo der Fischer Lidl den König aus dem Wasser fischen und an das gegenüberliegende Ufer rudern sollte. Angeblich hat alles wunderbar geklappt und der König wurde in ein fremdes Land gebracht, wo er unerkannt ein neues Leben beginnen konnte. Und dieses Leben gefiel ihm so gut, dass er Elisabeth geraten hat, es ihm doch gleichzutun. Sie besuchte ihn manchmal heimlich und beklagte sich stets über ihr von Förmlichkeiten eingeengtes Leben. Lange hat Sisi hin und her überlegt und auch mit Fanny und Ida den einen oder anderen Plan ausgeheckt. Aber keiner ist ihr tragfähig vorgekommen. Da ist ihr aus heiterem Himmel der Zufall in Form dieses Attentats zur Hilfe gekommen. Luigi Lucheni hat zwar wirklich zugestochen, aber Elisabeth hat es überlebt. Nun musste alles in Windeseile arrangiert werden. Genauere Details hat das Fräulein Amalie auch nicht gewusst. Nur so viel, dass alles wunderbar geklappt hat und sich Elisabeth noch viele, viele schöne Jahre ohne das Kaiserin-Sein gegönnt hat. Und – wer weiß? Vielleicht lebt sie ja noch immer.

Quellen

[1] Morgen-Post vom 27. April 1863. Zit. n. Hamann, Brigitte: Elisabeth. Kaiserin wider Willen. Wien 1982, S. 204.

[2] N. Sexau: Ludovika an Marie von Sachsen. 7. April 1853. Zit. n. Hamann, Elisabeth, S. 19.

[3] Zit. n. Conte Corti, Egon Caesar: Elisabeth. [1936] Genehmigte Sonderausgabe, Wien 1996, S. 39.

[4] Sexau, Richard: Fürst und Arzt. Graz 1963, S. 54. Zit. n. Hamann, Elisabeth, S. 56.

[5] Walterskirchen, Gudula u. Meyer, Beatrix (Hrsg.): Das Tagebuch der Gräfin Marie Festetics. Kaiserin Elisabeths intimste Freundin. Salzburg/Wien 2014, S. 132f.

[6] Tagebuch Marie Festetics, S. 133.

[7] Sophie, 5. März 1855. Zit. n. Hamann, Elisabeth, S. 106.

[8] Metternich-Sandor, Pauline : Eclairs du Passé. Wien 1922, S. 63. Zit. n. Hamann, Elisabeth, S. 195.

[9] Tagebuch Marie Festetics, S. 121.

[10] Briefwechsel von John Lohtrop Motley. Berlin 1890, Bd. I, S. 174. Zit. n. Hamann, Elisabeth, S. 200.

[11] Ludwig Viktor an Sophie, Dresden, 10. u. 11. Februar 1864. Zit. n. Hamann, Elisabeth, S. 198.

[12] SStA. Dresden. Marie von Sachsen an Fanny Ow, 18. März 1865. Zit. n. Hamann, Elisabeth, S. 198

[13] Christomanos, Constantin: Tagebuchblätter. Erinnerungen des Hauslehrers von Kaiserin Elisabeth. Bibliothek der Erinnerung Band IV. Wien 2007, S. 53.

[14] Meran, 14. November 1871. Zit. n. Corti, Elisabeth, S. 194.

[15] Christomanos, Tagebuchblätter, S. 36f.

[16] Zit. n. Hamann, Elisabeth, S. 326.

[17] Zit. n. Hamann, Elisabeth, S. 330.

[18] Zit. n. Hamann, Elisabeth, S. 193.

[19] Wassilko, Theophila: Fürstin Pauline Metternich. Wien 1958, S. 9f.

[20] Roth, Joseph: Die Geschichte von der 1002. Nacht. Bilthoven 1939, S. 23f.

[21] Neues Wiener Tagblatt, 2. u. 3. August 1873. Zit. n. Hamann, Elisabeth, S. 319.

[22] Roth, Die Geschichte von der 1002. Nacht, S. 25.

[23] Tagebuch Marie Festetics, S. 256.

[24] Zit. n. Haslinger, Ingrid: Tafeln mit Sisi. Rezepte und Essgewohnheiten der Kaiserin von Österreich. Wien/München 1998, S. 30.

[25] Zit. n. Haslinger, Tafeln mit Sisi, S. 22.

[26] Zit. n. Haslinger, Tafeln mit Sisi, S. 30.

[27] Witzblatt »Kikeriki«. Zit. n. Hamann, Elisabeth, S. 198.

[28] Rudolf, Kt. 18 Ischl, S. 24. Zit. n. Hamann, Elisabeth, S. 312.

[29] Zit. n. Hamann, Elisabeth, S. 388.
[30] Zit. n. Hamann, Elisabeth, S. 508.
[31] Zit. n. Hamann, Elisabeth, S. 460.
[32] Gyula Andrássy an Baron Nopsca, 7. Juli 1898. Zit. n. Hamann, Elisabeth, S. 450.
[33] Zit. n. Hamann, Elisabeth, S. 200.

Literatur

Egon Caesar Conte Corti: Elisabeth. [1936] Genehmigte Sonderausgabe, Wien 1996.
Constantin Christomanos: Tagebuchblätter. Erinnerungen des Hauslehrers von Kaiserin Elisabeth. Bibliothek der Erinnerungen Band IV. Wien 2007.
Renate Daimler: »Frei sollen die Frauen sein«. Gedanken der Kaiserin Elisabeth von Österreich. Wien/München 1998.
Walter und Renate Hain: Kaiserin Elisabeth und die historische Wahrheit. Norderstedt 2015.
Brigitte Hamann: Elisabeth. Kaiserin wider Willen. Wien 1982.
Brigitte Hamann (Hrsg.): Kaiserin Elisabeth. Das poetische Tagebuch. Wien 2003.
Ingrid Haslinger: Tafeln mit Sisi. Rezepte und Essgewohnheiten der Kaiserin Elisabeth von Österreich. Wien/München 2000.
Gabriele Praschl-Bichler: Kaiser Franz Joseph ganz privat. Sie habens gut, Sie können ins Kaffeehaus gehen. Wien/München/Berlin 1994.
Martha und Horst Schad (Hrsg.): Das Tagebuch der Lieblingstochter von Kaiserin Elisabeth. München 2005.
Peter Rosegger: Waldheimat. Erzählungen aus der Jugendzeit. Zweiter Band: Der Guckinsleben. Zit. n. www.zeno.org/Literatur/M/Rosegger,+Peter/Erzählungen/Waldheimat.+Erzählungen+aus+der+Jugendzeit.
Joseph Roth: Die Geschichte von der 1002. Nacht. Bilthoven 1939.
Alfons Schweiggert: Herzog Max in Bayern. Sisis wilder Vater. München 2016.
Nadine Strauß: Unterwegs mit Sisi. Eine Reise auf den Spuren der Kaiserin Elisabeth von Österreich. Von München nach Budapest. Kehl 2006.
Johannes Thiele: Elisabeth. Das Buch ihres Lebens. München 1998.
Norbert Toplitsch: Habsburger in Reichenau. Der Marktgemeinde Kurort Reichenau im Jahr der Niederösterreichischen Landesausstellung 2003 gewidmet. Ternitz-Pottschach 2003.
Michaela und Karl Vocelka: Sisi. Leben und Legende einer Kaiserin. München 2014.
Gudula Walterskirchen und Beatrix Meyer (Hrsg.): Das Tagebuch der Gräfin Marie Festetics. Kaiserin Elisabeths intimste Freundin. Salzburg/Wien 2014.
Theophila Wassilko: Fürstin Pauline Metternich. Wien 1958.